«ΑΜΕΛΕΣ ΓΙΟΒΑΝΝΗΣ»
ΕΝΑΣ ΑΙΧΜΑΛΩΤΟΣ ΣΤΑ ΚΑΤΕΡΓΑ ΤΗΣ ΜΙΚΡΑΣΙΑΣ

*Στη μνήμη
του μπαμπά και
του παππού μου.*

© Συγγραφέας: Δέσποινα Χίντζογλου-Αμασλίδου
τηλ. 2310 412587 e-mail: desam@hotmail.gr
Επιμέλεια: Εκδόσεις Μέθεξις
Εξώφυλλο: Εκδόσεις Μέθεξις

© Copyright Εκδόσεις Μέθεξις 2015
Κεραμοπούλου 5, Θεσσαλονίκη ΤΚ 546 22
Τηλ. - Fax: 2310-278301
e-mail: info@metheksis.gr
www.metheksis.gr

ISBN: 978-960-6796-78-4

Απαγορεύεται η ολική, μερική ή περιληπτική αναδημοσίευση, αναπαραγωγή ή διασκευή του περιεχομένου του παρόντος βιβλίου με οποιονδήποτε τρόπο χωρίς γραπτή άδεια του εκδότη.

Αριθμ. Έκδοσης 85

Δέσποινα Χίντζογλου-Αμασλίδου

«ΑΜΕΛΕΣ ΓΙΟΒΑΝΝΗΣ»
ΕΝΑΣ ΑΙΧΜΑΛΩΤΟΣ ΣΤΑ ΚΑΤΕΡΓΑ ΤΗΣ ΜΙΚΡΑΣΙΑΣ

Θεσσαλονίκη 2015

Ευχαριστώ τον κ. Αντώνη Παπαγιάννη, εκλεκτό ιατρό - συγγραφέα, που αγάπησε τον "Αμελέ Γιοβάννη" και τον στήριξε.

Ευχαριστώ την κ^α Μαργαρίτα Καλαφάτη, υπεύθυνη του Ε.Λ.Ι.Α. Μ.Ι.Ε.Τ. και τον κ^ο Γιώργο Κουμαρίδη, ιστορικό υπεύθυνο του αρχείου, που με την προθυμία τους διευκόλυναν την έρευνά μου στο αρχείο του Ιωάννη Χίντζογλου (Γιοβάν Τσαούς).

Αμελές Γιοβάννης

Περιεχόμενα

Πρόλογος	9
Εισαγωγή	15
Σαμσούντα, Αύγουστος του 21.	21
Ξανθίππη	31
Γιοβάν τσαούς	37
Μια πλαγιά στο Τελίκ-Τας	47
Στο δρόμο…	55
Μαφαζάδες και τσαούσηδες	63
Τάγματα εργασίας	69
Πάλη με τη πέτρα	75
«Εκτοπισμός»	81
Ένα χερουβείμ	87
Στο καθαρτήριο του Τσεχνέ-Γκουμπετί…	95
Βιβλιογραφία	103

Πρόλογος

Η Μικρασία, κοιτίδα του ελληνικού πολιτισμού για χιλιάδες χρόνια, με σπαρμένες πολυάριθμες λαμπρές, ιστορικές πόλεις, γενέτειρα φιλοσόφων και ασκητών, μεγάλων ηρώων και αγίων του έθνους και της πίστης μας, απέκτησε μια ιδιαίτερη σημασία μέσα στον αιώνα που πέρασε, όταν μετά το 1922 έγινε η μεγάλη «μετάγγιση» του προσφυγικού πληθυσμού, από την ανατολική ακτή του Αιγαίου στον ελλαδικό κορμό. Μετάγγιση βίαια και τραγική, που προκάλεσε χιλιάδες προσωπικά δράματα, αλλά και εκτεταμένες κοινωνικές συνέπειες, επηρεάζοντας έτσι τη ζωή εκατομμυρίων ανθρώπων για πολλές δεκαετίες.

Η μελέτη των ιστορικών γεγονότων απέδειξε, ότι οι βιαιότητες εκείνες ήταν το αποτέλεσμα μιας μεθοδευμένης σειράς ενεργειών εθνοκάθαρσης, όπως θα τις ονομάζαμε σήμερα, σε βάρος του μικρασιατικού ελληνισμού, που είχαν αρχίσει χρόνια νωρίτερα κι αποτέλεσαν ένα τραγικό κομμάτι της ιστορίας της Μικρασίας.

Το 1909 άρχισαν να επικρατούν οι Νεότουρκοι στην Οθωμανική Αυτοκρατορία, αλλά δυστυχώς σύντομα εγκατέλειψαν τις ιδρυτικές τους αρχές, που ήταν η φιλελευθεροποίηση, η θρησκευτική ανοχή και η ισότητα. Ουσιαστικά αυτό που κυριάρχησε τότε, ήταν ένας έντονος εθνικισμός, που εκδηλωνόταν με καταπίεση και συστηματικούς διωγμούς των μη μουσουλμανικών πληθυσμών της Αυτοκρατορίας. Θύματα των διωγμών αυτών ήταν κυρίως Έλληνες, Αρμένιοι και Ασσύριοι.

Τον Απρίλιο του 1914 άρχισαν οι εκτοπίσεις των Ελλήνων της Θράκης και της Μικρασίας και η αντικατάστασή τους από Τούρκους απομακρυσμένων περιοχών. Λίγο αργότερα εφαρμόσθηκε η τακτική των Ταγμάτων Εργασίας, των «αμελέ ταμπουρού», που ξεκίνησαν αρχικά με την αναγκαστική επιστράτευση των Ελλήνων του Πόντου και στη συνέχεια γενικεύθηκαν και σε άλλες περιοχές. Η ονομασία ήταν ένας ευφημισμός, που κάλυπτε την προγραμματισμένη εξόντωση των «αμελέδων». Η τακτική αυτή συνεχίσθηκε στη διάρκεια του Α΄ Παγκοσμίου Πολέμου και έφθασε σε έξαρση το 1917-18, με τη συστηματική στρατολόγηση όλων των νέων ανδρών ηλικίας 20-45 ετών. Η εξαντλητική τους απασχόληση σε κάθε είδους έργα (κατασκευή δρόμων, οχυρωματικών έργων, κτιρίων, μεταφορά εφοδίων, πυρομαχικών, κ.α.) γινόταν κάτω από συνθήκες πείνας, κακουχίας, λοιμώξεων, βασανισμών και στέρησης. Μάλιστα, σύμφωνα με υπάρχουσες μαρτυρίες, το 1917 χρησιμοποιήθηκαν ακόμη και γυναίκες, αλλά και ξένοι στρατιώτες αιχμάλωτοι πολέμου, στις σκληρές αυτές εργασίες.

Αρχικά οι άνδρες μπορούσαν να απαλλαγούν προσωρινά από την κατάταξη, πληρώνοντας 45 χρυσές τουρκικές λίρες (το λεγόμενο «μπεντέλ» ή αντισήκωμα), μέχρι να τους καλέσουν και πάλι σε επιστράτευση. Κάποια στιγμή βέβαια οι λίρες τελείωναν και η κατάταξη ήταν αναπόφευκτη. Τον «αμελέ», που έπαυε να είναι χρήσιμος για εργασία, ή ήταν αδύναμος ή άρρωστος, αλλά ακόμη και «δι' ασήμαντον αφορμήν», τον σκότωναν ...για να μην επιβαρύνει άλλο με την παρουσία του τον τουρκικό στρατό! Με τον τρόπο αυτό, τάγματα χιλιάδων ανδρών αποδεκατίστηκαν μέσα σε μερικούς μήνες. Υπολογίζεται ότι μέχρι το τέλος του 1918 περίπου 250.000 Έλληνες είχαν χάσει τη ζωή τους στα βουνά και τις ερήμους της Μικρασίας.

Παρόμοιες ενέργειες εξακολούθησαν να γίνονται και μετά το 1920, όταν ο Μουσταφά Κεμάλ επανέλαβε την τακτική αυτή, που δυστυχώς συνεχίσθηκε και μετά την καταστροφή του 1922, εναντίον των Ελλήνων, που δεν μπόρεσαν να διαφύγουν. Ο γνωστός συγγραφέας Ηλίας Βενέζης που υπηρέτησε σε τάγμα εργασίας για 14 μήνες την εποχή αυτή, σε ηλικία 18 ετών, ήταν ένας από τους ελάχιστους που επέζησαν, ανάμεσα σε 3000 άτομα από το Αϊβαλί και έγινε με τα βιβλία που έγραψε, αδιάψευστος μάρτυρας της ιδιάζουσας αυτής μορφής διωγμού. Πολλοί ξένοι διπλωμάτες, πρέσβεις, στρατιωτικοί ακόλουθοι και δημοσιογράφοι, όπως οι Χένρυ Μοργκεντάου, Μάικλ Σμιθ, Λεπισιέ, Ρενέ Πυώ, Τζ. Ρέντελ και άλλοι, που γνώρισαν από κοντά τα αποτελέσματα της εθνοκαθαρτικής αυτής πολιτικής, έχουν προσθέσει τις δικές τους γραπτές μαρτυρίες στο αρχειακό υλικό της περιόδου εκείνης για την καταναγκαστική μέχρις εξόντωσης εργασία, που περιλαμβάνεται πλέον διεθνώς στα εγκλήματα πολέμου.

Όλα αυτά τα τραγικά γεγονότα, που αποτελούν καθοριστικά στοιχεία της νεοελληνικής ιστορίας, έχουν αποτυπωθεί από πολυάριθμους ιστορικούς και λογοτέχνες μέσα στον αιώνα που πέρασε από τότε. Όσα όμως κι αν γραφούν, ίσως είναι λίγα. Καθένας που έχει ρίζες, καταβολές, προγόνους «εκεί απέναντι», αισθάνεται το χρέος να κάνει ένα προσκύνημα, φυσικό ή πνευματικό, στον χώρο όπου έζησαν οι δικοί του άνθρωποι, να συνδεθεί με την ιστορία τους και να τιμήσει εκείνους που άφησαν εκεί τα κόκκαλά τους, με τρόπο βίαιο και απάνθρωπο. Όχι για να αναμοχλεύσει πληγές ή να συδαυλίσει πάθη ή συναισθήματα εκδίκησης, αλλά για να διατηρήσει άσβεστη την ιστορική μνήμη, απαραίτητο στοιχείο επίγνωσης της εθνικής ταυτότητας και προϋπόθεση πολιτισμικής επιβίωσης μέσα σ' έναν κόσμο που ενθαρρύνει και καλλιεργεί την πολτοποίηση, εν ονόματι μιας κάποιας ... «πολιτικής ορθότητας».

Η Δέσποινα Χίντζογλου-Αμασλίδου, Καππαδόκισσα και απόγονος προσφύγων, που δεν ξεχνά την ευλογημένη πατρική γη, ανάβει με το βιβλίο της αυτό το δικό της πνευματικό κερί στον άγνωστο τάφο ενός «αμελέ». Ακολουθώντας σιωπηλά τα βήματά της, ευχόμαστε κι εμείς μαζί της να είναι αιωνία η μνήμη του Γιοβάννη και πάντων των συν αυτώ.

Δρ Αντώνης Παπαγιάννης
Πνευμονολόγος

Σημ. Τα ιστορικά στοιχεία είναι ερανισμένα από το βιβλίο του Χ. Τσιρκινίδη "Έχω όπλο την αγχόνη" (εκδόσεις Ερωδιός, Θεσσαλονίκη 2005).

Εισαγωγή

Ταξίδεψε όλη νύχτα με την ταχεία Θεσσαλονίκης-Αθηνών. Ήταν Σεπτέμβρης του 1970 κι ο Πρόδρομος πήγαινε να συναντήσει τον αντάρτη του Πόντου Ιωάννη Χίντζογλου, στο σπίτι του, στην οδό Ασκληπιού. Θα μπορούσε να είναι ο πατέρας του, που χάθηκε το 21 στα τάγματα εργασίας. Είχαν το ίδιο όνομα, την ίδια ηλικία, έκαναν τότε κι οι δυο αμελέδες[1], γιατί όχι... Δεν έκλεισε μάτι. Σκέψεις και σενάρια τάραζαν το νου του. Η φωτογραφία του πατέρα κι άλλες εικόνες, κολασμένα κάτεργα, ρακένδυτοι αιχμάλωτοι, σκηνές φονικών, όλα μαζί παλεύαν μπροστά στα μάτια του μανιακά και δεν τον άφηναν λεπτό να ησυχάσει.

Κάποτε έφθασε κατάκοπος μπροστά στο διώροφο αρχοντικό.

---
1 Αιχμάλωτοι στα τάγματα εργασίας.

Ανέβηκε τις σκάλες αργά, χτύπησε και περίμενε. Ξερακιανός και κοτσονάτος με βλέμμα γερακίσιο γεμάτο αψάδα, ο 75άρης τσαούσης άνοιξε και τον πέρασε μέσα στο σαλόνι. «Μου μοιάζει», σκέφτηκε ο Πρόδρομος «και μένα και του πατέρα. Ιδίως στη φωτογραφία στον τοίχο, που είναι νέος με τη στολή». Κάθησε κάπου διστακτικά και βάλθηκε να ...διαβάσει το ψυχρό του πρόσωπο.

Δεν θυμόταν μετά να μας περιγράψει, πώς άρχισε και πώς εξελίχθηκε αυτός ο διάλογος, θυμόταν όμως πολύ καλά πώς τέλειωσε. «Και πριν μου απαντήσεις, θέλω να ξέρεις, είμαι πολύ καλά οικονομικά και δεν έχω καμμιά απολύτως βλέψη στην περιουσία σου. Θέλω μόνο να μάθω αν είσαι ο πατέρας μου». Ο Γιοβάν-τσαούς ταράχτηκε λίγο, αλλά απάντησε σταθερά κι αποφασιστικά «δεν είμαι πατέρας σου, είμαι όμως συγγενής σου».

Έτσι ψυχρά και συνοπτικά τελείωσε εκείνη η συνάντηση κι ο συνταγματάρχης Χίντζογλου δεν μπήκε στον κόπο, ούτε στο γράμμα του Πρόδρομου να απαντήσει μετά από ένα μήνα, όταν ήρεμος πια, του 'γραψε για να μάθει περισσότερα για τον πατέρα του και τα τάγματα εργασίας.

Έτσι είχαν τα πράγματα, όταν μετά από 40 χρόνια έπεσε στην αντίληψή μου το αρχείο του Ιωάννη Χίντζογλου, με την αναγνωρισμένη δράση στον Πόντο, να βρίσκεται στον Ε.Λ.Ι.Α. [2].

---

2 Ελληνικά Λογοτεχνικά και Ιστορικά Αρχεία

Αμελές Γιοβάννης

Στο υπόγειο της βίλλας Καπαντζή, με την συνδρομή της κας Μαργαρίτας Καλαφάτη, άπλωσα τους φακέλλους του πάνω στο τεράστιο ξύλινο τραπέζι και στην κυριολεξία χάθηκα μέσα τους. Παγιδεύτηκα σ' ένα σκοτεινό λαβύρινθο τουρκικών εγγράφων κι άρχισα να ψάχνω απεγνωσμένα τρόπο να βγω.

Κάποτε τον βρήκα και ήταν κάτι σαν λύτρωση για μένα. Θα έγραφα ένα βιβλίο για τον Ιωάννη Χίντζογλου, τον δικό μου όμως, αυτόν που δεν άφησε πίσω του ούτε αρχείο, ούτε περιουσία και το κυριότερο δεν άφησε καμμιά μνήμη, εκτός από μια κιτρινισμένη φωτογραφία.

Αυτήν την μορφή του απλού οικογενειάρχη έμπορου, που χάθηκε στα «αμελέ-ταμπουρού», είπα να πάρω στα χέρια μου και να της δώσω σάρκα, λόγο και αισθήματα, να της δώσω λίγη ζωή και λίγη δημοσιότητα.

Ζωή, γιατί η δική του ήταν μικρή κι αδικοχαμένη και δημοσιότητα, γιατί για τον παππού μου αυτόν κανείς δεν μιλούσε στο σπίτι ποτέ, αφού κανείς δεν ήξερε το παραμικρό...

Ίσως μάλιστα να του χαρίσω έτσι και την αθανασία, αυτήν που κερδίζουν οι ήρωες των βιβλίων... αυτοί οι τυχεροί, που με την πέννα του συγγραφέα, τρυπώνουν στη μνήμη μας και γίνονται αθάνατοι.

Όσον αφορά την πιστότητα των γεγονότων, ας μην ανησυχεί ο αναγνώστης... μου το ξεκαθάρισε ο παππούς, που ήρθε στον ύπνο μου προχθές... «Σωστά τα έγραψες, αυτούς τους δρόμους πήραμε, σ' εκείνα τα τάγματα δουλέψαμε, εκεί και έτσι τελείωσα με τη ζωή μου την άχαρη... να 'σαι καλά γιαβρούμ, σωστά τα έγραψες! Όσο για το παπιγιόν, που αναρωτιέσαι, μια φορά το 'βαλα, τότε για τη φωτογραφία, τότε που 'χα τις χαρές και τα ντουζένια μου[3]...»

Η εγγονή του Δέσποινα

---

3 Κέφια.

Αμελές Γιοβάννης

Απ' τις τσόχινες βράκες, τα τουζλούκια και τους τζουμπέδες, το γύρισε στο κουστούμι, το γιλέκο και τη γραβάτα και καμιά μέρα ξεχωριστή ακόμη και το παπιγιόν.

Σαμσούντα⁴, Αύγουστος του 21.

Περασμένα μεσάνυχτα ήταν, όταν τους ξύπνησαν οι φωνές κι οι κατάρες των στρατιωτών. Πλάκωσαν οι τσέτες στη γειτονιά τους. Πετάχτηκε λαχταρισμένος απ' το κρεβάτι κι άρχισε να ντύνεται βιαστικά...

Σαματάς και χτυπήματα στις πόρτες και μετά από λίγο ξυλοδαρμοί και κλάματα στο δρόμο. Ξεχώριζαν οι φωνές της Χαρίκλειας από δίπλα, τα βογγητά του Ανέστη και τα κλάμματα της μάνας του, ανάκατα με τις τσιρίδες των παιδιών... Σ' ένα λεπτό ερχόταν κι η σειρά τους. Τ' άρβυλα βροντούσαν αλλιώτικα, πλήγιαζαν το καλντερίμι και πλησίαζαν γρήγορα κι απειλητικά...

Διάλεξαν σήμερα, ανήμερα της Παναγίας, την συνοικία Σαΐτ βέη, την δική τους. Τέτοιες συλλήψεις γινόνταν και

---

4 Αμισός.

παλιότερα στο Μεγάλο πόλεμο, αλλά ξανάρχισαν τελευταία, και δυο μήνες τώρα το κακό δεν περιγραφόταν.

Ο Γιοβάννης, ούτε ήθελε, ούτε προλάβαινε να τρυπώσει στην κρυψώνα του στη στέγη. Κουράστηκε στα σανίδια, την υγρασία, τα ποντίκια και προπάντων στο φόβο του στρατοδικείου, αν τον βρίσκαν οι στρατιώτες. Εξάλλου εδώ και λίγο καιρό έμαθαν οι Τούρκοι για το Ταβάν-ταμπουρού[5] κι έψαχναν καλά τα σπίτια, κι όταν βρίσκαν φυγόστρατο, γίνονταν πολύ σκληροί και μ' αυτόν και μ' όλη την οικογένειά του.

Φυγόστρατος κι αυτός εδώ και δυο χρόνια, ήρθε στην πόλη... μήπως γλυτώσει απ' τους τσανταρμάδες του χωριού του, που κάθε τόσο με καινούργια φιρμάνια, αναζητούσαν νέους στρατεύσιμους.

Παλιότερα, όσοι είχαν τον τρόπο τους, πλήρωναν το «αντισήκωμα - μπεντέλ»[6] και ξεμπέρδευαν. Όμως με τους Νεότουρκους τα πράγματα άλλαξαν. Το μπεντέλ καταργήθηκε και οι Έλληνες επιστρατεύτηκαν άρον-άρον στα αμελέ-ταμπουρού...

Έτσι κάπως άρχισε το μεγάλο κακό των σεφκιάτ[7]. Αρχές Ιουνίου έφυγε η πρώτη αποστολή... χίλια άτομα περίπου. Ποτέ δεν έμαθαν γι' αυτούς. Πολύ αργότερα ταξιδιώτες έφεραν το μαντάτο... Σφάχτηκαν όλοι.

---

5 Τάγμα οροφής!
6 «Αντιστάθμισμα, αντίβαρο» = εξαγορά της στρατιωτικής θητείας των Χριστιανών).
7 Αποστολή.

Αμελές Γιοβάννης

Σε δυο-τρεις μέρες ξεκίνησε η άλλη, με εφτακόσιους άνδρες. Αυτή η αποστολή οδηγήθηκε σώα στην Αμάσεια, χάρη στον κατή[8] Σουλεϊμάν εφέντη, που τους προστάτεψε, όσο μπορούσε κι αυτούς και τις οικογένειές τους, που μείναν πίσω.

Η τρίτη, πάνω από χίλια άτομα, πέσαν όλοι θύματα του σεϊτάν Τοπάλ Οσμάν. Τέσσερις μόνο σώθηκαν, γιατί πλακώθηκαν απ' τα πτώματα των άλλων. Οι δυο ήταν τ' αδέλφια Σαράφογλου, που 'φεραν στους Αμισινούς τα μαύρα νέα.

Τέλος Ιουνίου, μαζέψανε όλους τους ταβάν-ταμπουρού, που παρουσιάσθηκαν οικειοθελώς να δουλέψουν στα έργα του στρατού, επειδή είχαν από τις αρχές την διαβεβαίωση, ότι έτσι… θα γλύτωναν την εκτέλεση. Δεν έγινε όμως έτσι. Τους περιέλαβαν οι Βασιβουζούκοι[9]… με ρόπαλα, μπαλτάδες, ξιφολόγχες και πυροβόλα, στο Σεϊτάν-δερέ[10]. Ένας κοντραμπατζής[11], περνούσε απ' εκεί με τις καμήλες του, είδε τα σφαγμένα παλικάρια κι έφερε την είδηση, να μη περιμένουν άλλο… να μαυροφορέσουν οι μανάδες κι οι γυναίκες τους στην Αμισό.

Αρχές Ιουλίου, άλλοι χίλιοι από διάφορες πόλεις και χωριά, οδηγήθηκαν στην Αμάσεια. Γυμνοί και διψασμένοι έπεσαν στα χέρια του όχλου, στους δρόμους της πόλης… «Κάχρολσουν Γιουναντιλάρ[12]…Κάχρολσουν τινσίζ[13]».

---

8 Ιεροδιδάσκαλος.
9 Τουρκική άγρια φυλή
10 Το ποτάμι του διαβόλου.
11 Λαθρέμπορος.
12 Κατάρα στα κεφάλια των Ελλήνων.
13 Κατάρα στους απίστους.

Ύστερα πάλι μαζέψαν ηλικιωμένους και τους οδήγησαν στη Μαλάτεια μετά από πορεία 70 ημερών. Ένα γερό μπαξίσι ευτυχώς... έκανε τον επικεφαλής αξιωματικό Κιαμίλ μπέη, να δείξει φιλανθρωπία και να τους προστατέψει από επικίνδυνα περάσματα και αγγαρείες και μαζί να φροντίσει για τα απαραίτητα, με αποτέλεσμα να φθάσουν σώοι στον προορισμό τους. Όπως φαίνεται, αυτός κι ο κατής Σουλεϊμάν ήταν οι μόνοι, που φέρθηκαν ανθρώπινα σ' αυτές τις εννιά συνολικά αποστολές, που άδειασαν στην κυριολεξία τις πόλεις και τα χωριά.

Αυτά κι άλλα τρομερά συνέβαιναν και τα νέα έφθαναν αργά ή γρήγορα κι ο κόσμος μάθαινε πολλά και τρόμος θανάτου τους πλάκωνε. Ο Ζαφείρης ο ζεϊμπέκης[14] απ' τη Καππαδοκία, πέρασε απ' την Αμισό τις μέρες εκείνες και τον συμβούλεψε. Παιδικοί φίλοι απ' το Γιοσγάτ, είχαν μια έντιμη φιλία κι ο λόγος του ανέκαθεν είχε γι αυτόν μεγάλη αξία...

«Φύγε στο βουνό αδελφέ μου Γιοβάννη, του 'πε με συμπάθεια, μόνο εκεί μπορεί να σωθείς. Βγήκε τελάλης πάλι προχθές με κουδούνα και φώναζε... Διαταγή του Πατισάχ, του πολυχρονεμένου μας Σουλτάνου, όλοι οι άνδρες από 22 έως 40 χρονών, να εμφανιστούν και να στρατολογηθούν. Βλέπεις τον πονήρεψε τον ερίφη τον Τούρκο, ο Γερμανός, που 'ναι σύμμαχός του κι έχουν οι δυο τους... το ίδιο νιτερέσο[15]. Τον δασκάλε-

---

14 Ληστανταρτης Έλληνας-αντιοθωμανός.
15 Συμφέρον.

ψε το λοιπόν, ν' αφανίσει τον Έλληνα και τον Αρμένο, αν θέλει να ξεμπερδέψει απ' αυτούς και μαζί να βάλει χέρι στον πλούτο τους, που είναι καρφί στο μάτι τους αιώνες τώρα. Όλα αυτά τα σατανικά, τα σοφίσθηκε εκείνος ο ψευτοπασάς ο Γερμανός, ο Λήμαν φον-Σάντερς, που ήρθε να κάνει τους γιουρούκους[16]... στρατό και τον έχουνε πως και τι στην Άγκυρα».

Αλλά κι ο κοντραμπατζής[17] ο Ορχάν, το ίδιο τον συμβούλεψε... «Βάλαχι αρκαντάς[18], να φύγεις, δεν γλυτώνεις στην πόλη»! Πώς όμως να φύγει ο Γιοβάννης, πώς ν' αφήσει τα παιδιά του στη γυναίκα του, για να σώσει το τομάρι του. Τι θα γίνονταν μόνη με τα παιδιά, μες τη φανατισμένη Τουρκιά; Βασάνιζε τη σκέψη του και λύση σωστή δεν έβρισκε. Έμεινε το λοιπόν να περιμένει, να 'ρθουν μόνα τους τα γεγονότα... κι αυτά ήρθαν πολύ γρήγορα.

Η Ευανθία άρχισε να κλαίει σιωπηλά. Ένα χρόνο παντρεμένη, μια νύχτα δεν κοιμήθηκε ήσυχη. Τι την ήθελε την παντρειά... Φορτώθηκε τα ορφανά του άνδρα της, γιατί ο Γιοβάννης ήρθε χήρος με τα παιδιά και την αδελφή του απ' το Γιοσγάτ, έμεινε και έγγυος και ξεκίνησε την άχαρη ζωή της.

«Πάρτονε, φαγωνότανε η μάνα της, όμορφος, νοικοκύρης, έχει και το εμπορικό ραφτάδικο, δεν θα πεινάσεις. Και τα παιδιά του, να δεις τι εύκολα θα μεγαλώσουν μαζί με τα

---
16 Νομαδική φυλή, άτακτοι και άξεστοι στρατιώτες.
17 Λαθρέμπορος.
18 Μα το Θεό σύντροφε.

δικά σου, ούτε που θα το καταλάβεις... Στο κάτω-κάτω ένα ψυχικό θα κάνεις». Πες-πες πείσθηκε και τον πήρε. Η αλήθεια είναι, πως βγήκε καλός ο Γιοβάννης, σοβαρός, δουλευταράς, σπίτι–μαγαζί συνέχεια. Αλλά και τα παιδιά, ο Πρόδρομος κι ο Χρήστος, έξι και δύο χρονών κι αυτά καλά ήταν τα καημένα, δεύτερο λόγο δεν ήθελαν. Όμως ήταν ανάποδο το ριζικό της, φάνηκε σήμερα κι έπρεπε να το δεχτεί!

«Μη κλαις, να δεις θα γυρίσω...», έλεγε χωρίς να πιστεύει στα λόγια του.

«Μη κλαις, κι άνοιξε την πόρτα, μη την σπάσουν οι δαιμονισμένοι και ξυπνήσουν τα παιδιά». Έφερε βόλτα τη ματιά του γύρω-γύρω στο ντιβάν-χανέ[19], τους τοίχους, τις κουρτίνες, τους σοφράδες, τα κιλίμια. Σκάλωσε μετά στην εικόνα της Παναγίας με την καντήλα, που τσιτσίριζε απελπισμένη κι αυτή, έτοιμη να σβήσει. «Βόηθα Παναγιά μου», είπε μέσα του, μη δείξει φόβο και κίνησε με βαριά βήματα προς την πόρτα. Εκείνη του 'δωσε λίγο προσφάγι σε μια πετσέτα δεμένο, του φόρτωσε και το χοντρό πανωφόρι κι ας ήταν Αύγουστος και τον σταύρωσε στην πλάτη με δύναμη.

«Πάρε και λίγο κινίνο» του 'πε κοφτά κι έβαλε ένα μικρό μπουκαλάκι στην τσέπη του να βρίσκεται.

«Να φέρεις την μάνα σου στο σπίτι, να σε συντρέχει με τα παιδιά κι έχε πίστη, θα γυρίσω...», είπε χωρίς να τη

---

19 Σαλόνι.

Αμελές Γιοβάννης

βλέπει στα μάτια και κατέβηκε γρήγορα τα σκαλιά, μπροστά στον βασιβουζούκο[20], που ανέβαινε μουγκρίζοντας, έτοιμος για καβγά.

Δεν γύρισε να τη δει, ούτε αυτή έτρεξε πίσω του. Έτσι ήταν καλύτερα. Αυτό ήταν το ριζικό τους. Η Ευανθία κουλουριάστηκε στο πάτωμα πίσω απ' την κλειστή πόρτα κι αποδέχτηκε τη συμφορά της με κλάμμα φρόνιμο και βουβό.

Ενώθηκε με το μπουλούκι στο δρόμο, δίπλα στον Ανέστη, που έτρεμε ακόμη από τον πόνο κι άρχισε να μετράει πότε τα βήματά του και πότε τις κοντακιές[21] των στρατιωτών. Έριξε μια κλεφτή ματιά πίσω στο κονάκι του[22], λίγο πριν χαθεί απ' τον δρόμο. Είδε τότε την αδελφή του Μαριγώ να τρέχει αναμαλλιασμένη πίσω απ' το μπουλούκι μαζί με τις άλλες γυναίκες. Κοιμόταν στο δωμάτιο με τα παιδιά, όταν γίνονταν όλ' αυτά και δεν έβγαινε μήπως ξυπνήσουν και γίνουν τότε όλα πιο δύσκολα, κλάμματα κι αποχαιρετισμοί...

Έψαχνε να τον δει, να τον χαιρετήσει, να φυλάξει την μορφή του στα μάτια της. Ο Γιοβάννης την απόφυγε. Κρύφτηκε μέσα στο μπουλούκι, ώσπου μάκρυνε και χάθηκε.

20 Τουρκική άγρια φυλή.
21 Ξυλοδαρμοί με κοντάκι το πίσω μέρος του πυροβόλου όπλου.
22 Μεγαλοαστικό σπίτι.

Πικρός κόμπος έσφιξε το λαρύγγι του, να τον πνίξει. Είπε, δεν θα κλάψω, δεν ωφελεί, ούτε κι η Ξανθίππη θα το 'θελε...

Μετά από πολλές ώρες όμως, όταν κάθησαν να ξαποστάσουν, ξέσπασε επιτέλους σ' ένα παράπονο και ήταν η πρώτη και τελευταία φορά. Σε λίγο το μούτρο του θ' αγρίευε κι η ψυχή του το ίδιο, γιατί πράγματι... φόβος κι θάνατος μόνον έτσι, μ' αγριάδα παλεύονται.

Αμελές Γιοβάννης

Ενώθηκε με το μπουλούκι στο δρόμο... και άρχισε να μετράει πότε τα βήματα και πότε τις κοντακιές. *(Φωτ. Γιώργου Κυριακίδη)*

Ξανθίππη

Την Ξανθίππη την αγάπησε από μικρός. Ο πατέρας του ο Μποντόσης[23], Καππαδόκης στην καταγωγή, τον συνέδραμε να κτίσει δικό του σπίτι, δίπλα στο πατρικό στο Γιοσγάτ. Έτρεξαν τότε φίλοι και γείτονες, άλλος κουλάντριζε τη λάσπη, άλλος πάλευε με την πέτρα, το τέλειωσαν κι έγινε ωραίο τ' αρχοντικό του. Μέχρι και μάρμαρο το φόρτωσαν σε κατωκάσια και σκάλες κι έγινε απ' τα καλύτερα του δρόμου. Αλλά κι η νοικοκυρά του ήταν άξια και το τίμησε κι αυτό και τον άνδρα της. Το κρατούσε λαμπίκο, με τ' ασπρίσματα, με τα γυαλισμένα μπακίρια, με τις κολλαρισμένες λινές κουρτίνες, τα χιλιόκομπα χαλιά απ' την Σμύρνη και την Πόλη και προπαντός με την άγια ευωδιά του μαγειριού της, που σφρά-

---

23 Πρόδρομος.

γιζε την αξιοσύνη της. Τι πίτες, τι μαντί και γιαγλί[24] στο ταντούρι[25], τι γιαπράκια γιαλαντζί[26], τι μπουγουλαμά[27]... όλα τα κατάφερνε κι ας ήταν μικρή.

Μαζί τους έμεινε κι η Μαριγώ, η μεγάλη του αδελφή, που χήρεψε πριν λίγα χρόνια. Ο άνδρας της σκοτώθηκε στον πόλεμο του 14 κι από τότε το πήρε απόφαση, ότι δεν είχε πια μερτικό στη χαρά κι έταξε τον εαυτό της στην υπηρεσία του αδελφού της. Τακίμιασε[28] και με την νύφη της στο νοικοκυριό, και στάθηκε από τότε σ' όλη τη ζωή της... πάνω στη σκάφη, την βελόνα, το μαγκάλι και την παιδική κούνια, όταν με το καλό ήρθαν στον κόσμο τ' ανίψια της.

Συχνά του 'ρχονταν σκηνές του Γιοβάννη απ' το σπίτι εκείνο και μέλωνε. Όπως, όταν τρώγαν τις σκόλες[29] αρνίσια κεμπάπια αραδιασμένοι στο σοφρά[30] μπροστά στο τζάκι, με ρακή ή κόκκινο κρασί παλιάς σοδειάς. Αλλά και το καλοκαίρι, πρωινό αξημέρωτο, στο πίσω μπαλκόνι, μπροστά στον μπαχτσέ, είχε άλλη νοστιμάδα. Βουτούσε τη μπουκιά του μέσα στο ζεστό γλυκό κρασί ή το τσάι, έτρωγε και λίγες ελιές τσακιστές να ισορροπήσει με την αλμύρα τους και ξεκινούσε

---

24 Πιτάκια μικρά με καρύδια.
25 Πήλινος φούρνος.
26 Σαρμαδάκια με αμπελόφυλλα.
27 Φαγητό με λάχανο και κιμά, παρόμοιο με τους λαχανοντολμάδες.
28 Ταίριασε, τακίμι= ο κολλητός.
29 Αργίες.
30 Χαμηλό τραπέζι.

Αμελές Γιοβάννης

την δουλειά χωρίς διόλου να τη φοβάται, ευγνωμονώντας τον Θεό για το «έχει» του και την οικογένειά του.

Η Ξανθίππη δεν έζησε πολύ. Πέθανε πάνω στη γέννα του Χρήστου και δεν ήταν ούτε 25. Νωρίτερα, είχε χάσει τον δεύτερο γιο της, τον Γιώργο, από μηνιγγίτη. Από κοντά πέθαναν κι οι γονιοί της και δυο χρόνια δεν έβγαλε τα μαύρα... μέχρι που πέθανε, φόρτωσε την πίκρα και τη μνήμη της στους άλλους και γλύτωσε απ' όλα τα δύσκολα που ήρθαν μετά...

Ο Γιοβάννης δοκιμάσθηκε σκληρά, αλλά κρατήθηκε στα πόδια του. Λίγο τα αμπέλια, λίγο τα ζώα, λίγο οι κότες και τα ζαρζαβατικά... κουτσά -στραβά πορευότανε. Βέβαια ο Μποντόσης πεθαίνοντας, του άφησε καλή κληρονομιά, αλλά μαζί άφησε κι εντολή να ρίξει τις λίρες σε εμπόριο, γιατί κι αυτός κάποτε στο Άκσαράι είχε καλά προκόψει σαν έμπορας και γιατί όπως έλεγε συχνά, η ράτσα τους ήταν γεννημένη γι' αυτό... Ευτυχώς, τα χρόνια αυτά του στάθηκε η Μαριγώ, που φρόντισε τα παιδιά σαν δικά της, με υπομονή κι αγάπη. Κρυβότανε κι απ' τους χωροφυλάκους, που ψάχναν να στρατολογήσουν νέους κι η ζωή τους χαραμίζονταν στον φόβο και την αγωνία!

Η ζωή στην επαρχία τα τελευταία χρόνια ήταν σκέτος εφιάλτης. Πλακώναν οι Τούρκοι σαν τις ακρίδες. Δεν αφήναν ούτε αλεύρι, ούτε ζώα, ούτε χρήματα. Οι αγρότες δεν μπορούσαν να δουλέψουν τα χωράφια τους όπως παλιά. Ένα συναπάντημα με Τούρκους μπορούσε να καταλήξει σε ξυλοδαρμό ή σε φονικό, χωρίς λόγο, μόνο και μόνο για διασκέδαση. Συχνά μπαίναν στα χωριά και θρονιάζονταν για είκοσι και παραπάνω μέρες. Σφάζαν ζώα, ψήναν, τρώγαν, πίναν τα κρασιά και τη ρακή των νοικοκυραίων και μαζί... ασελγούσαν, ξυλοκοπούσαν και σκότωναν. Αυτός ο εφιάλτης δεν είχε ξυπνημό!! Τα πράγματα δεν πήγαιναν καλά... έπρεπε κάτι να κάνουν.

Τελικά η Μαριγώ τον έπεισε να 'ρθούν στην Σαμψούντα. «Μεγάλη πόλη, πιο καλά θα κρυφτείς από τους τσανταρμάδες[31], που λύσσαξαν να σηκώσεις όπλο πάνω σ' Έλληνες. Μετά, θα παν' τα παιδιά σε καλά σχολεία, έχουμε κι απ' τον πατέρα τις λίρες, θ' ανοίξεις κανένα μαγαζί, να γλυτώσουμε απ' τη γη και τα βάσανά της, θα φτιάξει επιτέλους η ζωή μας».

Είχαν καλοθάψει από καιρό όλους τους δικούς τους, τίποτε δεν τους κρατούσε στο χωριό κι ένα πρωινό αξημέρωτα ξεκίνησαν.

Δέκα μέρες κράτησε το ταξίδι. Δεν το κατάλαβαν όμως, γιατί είχαν χαρά μεγάλη, πως ερχόταν καλές μέρες γι αυτούς, έτσι νόμιζαν. Μπροστά ο Γιοβάννης κουμαντάριζε τ' άλογα και πίσω στη σκεπασμένη ταλίκα[32], πάνω σε κιλίμια και μαξιλάρια, φόρτωσε η Μαριγώ τα παιδιά κι όλο τους το «είναι» μέσα σε τρεις μπόγους και βγήκαν στο δρόμο.

---
31 Χωροφύλακες.
32 Άμαξα με άλογα.

Αμελές Γιοβάννης

Τις νύχτες άραζαν κρυμμένοι στα δένδρα και το πρωί, σταυροκοπιόνταν και ξαναμπαίναν στο δρόμο. Φοβόταν κάθε στροφή, κάθε συστάδα, μη ξεπροβάλλουν τίποτε τσέτες. Είχε έτοιμες λίρες ο Γιοβάννης ξεχωριστά σε δερμάτινο πουγγί γι' αυτό το σκοπό. Να τις δώσει, αν χρειαστεί, και να εξαγοράσει έτσι την ασφάλειά τους μέχρι την Σαμψούντα. Ευτυχώς, φύλαξε ο Θεός και δεν τους απάντησαν πουθενά, μ' όλο που ακούγανε τις μπαταριές τους ν' αντιλαλούν στις πλαγιές. Κι οι λίρες στο πουγγί... έμειναν κι αυτές μπερεκέτι στο βιος τους...

Ένα συναπάντημα με Τούρκους, μπορούσε να καταλήξει σε ξυλοδαρμό ή σε φονικό, χωρίς λόγο, μόνο και μόνο για διασκέδαση.

Γιοβάν τσαούς

Έπιασαν ωραίο σπίτι στη συνοικία του Σαϊτ βέη, γιατί εκεί τους έλεγε ο πατέρας, ότι ζούσε από παλιά ο αδελφός του ο Αβραάμ, χρόνια φευγάτος απ' το Γιοσγάτ. Πούλησαν το άλογο και την καρότσα, γιατ' ήταν αχρείαστα στη πόλη κι άρχισαν να ζουν σαν αστοί. Νοικοκυρεύτηκαν όλοι μαζί σε ωραίο διώροφο, που πήρε πουλώντας τα σπίτια στο Γιοσγάτ και μετά με τις λίρες του πατέρα αγόρασε μαγαζί στο κέντρο της πόλης, όπως ήταν η επιθυμία του. Το γέμισε γρήγορα εμπόρευμα... κασμίρια, ατλάζια κι αλατζάδες, προσέλαβε κι ένα Τούρκο ράφτη, τον Ομέρ, που 'μαθε την τέχνη σε μεγάλα ραφτάδικα της Πόλης κι άρχισε να προκόβει μέρα τη μέρα και να φτιάχνει την δική του σιρμαγιά[33]. Από κο-

---

33 Κεφάλαιο.

ντά, του προξένεψαν και την Ευανθία κι ήρθε κι έδεσε καλά η συνταγή... δουλειά, σπίτι, γυναίκα και παιδιά... ήταν όλα καλά βολεμένα, κατά πως έπρεπε σ' ένα νοικοκύρη! Τότε άλλαξε και τα ρούχα του. Απ' τις τσόχινες βράκες, τα τουζλούκια[34] και τους τζουμπέδες[35], το γύρισε στο κουστούμι, το γιλέκο και τη γραβάτα και καμμιά μέρα ξεχωριστή... ακόμη και το παπιγιόν.

Η θάλασσα με την αλμυρή της ανάσα κι η προκυμαία με την χαρούμενη βοή της, τον ξετρέλαναν. Συχνά κατέβαινε και χάζευε ώρες ατέλειωτες, κι ό,τι έβλεπε ήταν θαυμαστό και πρωτόγνωρο γι' αυτόν. «Τι θεριό μωρέ είναι αυτό, μονολογούσε, χειρότερο απ' τα βουνά του τόπου μου! Θεριό και μαζί πλανεύτρα η άτιμη» κι έκαμνε σαν ξελογιασμένος.

Τα βαπόρια έφευγαν φορτωμένα μ' ευλογημένα γεννήματα, φουντούκια, καπνά και σταφίδα, για να γεμίζουν στη συνέχεια με λίρες τα σεντούκια των αρχόντων κι οι τράπεζες. Οι σκάλες, με τ' όνομά της η καθεμία, είχαν σιδερένια πόδια καρφωμένα στο νερό και πάνω τους ήταν κολλημένα χιλιάδες τροφαντά μύδια. Οι χαμάληδες φόρτωναν ή ξεφόρτωναν πραμάτειες, έβριζαν, ίδρωναν κι ύστερα ξαπόσταιναν με τσάγια, με κόκκινα ή πράσινα σερμπέτια στην προκυμαία, ή ακόμη καλύτερα με ρακές και κρασί, αν το μεροκάματο ήταν καλό.

---

34 Μάλλινες περικνημίδες.
35 Μακρύ πανωφόρι.

Αμελές Γιοβάννης

 Σ' όλο αυτό τον τζερτζελέ[36] πρώτοι και καλύτεροι σεριάνιζαν οι κολτζήδες[37], που ήταν πάντα πρόθυμοι να κλείσουν τα μάτια σ' ένα φορτίο, όταν το μπαχτσίσι ήταν καλό και το κέρασμα του εμπόρου μπερεκετλίδικο. Οι πλανόδιοι μικροπωλητάδες ήταν τότε δίπλα τους με όλα τα καλά του κόσμου απλωμένα μπροστά τους. Σε μια σειρά από φουφούδες τηγάνιζαν του κόσμου τα θαλασσινά, αθερίνες, μύδια, γάβρους, σαρδέλες αλλά και πίτες πιο πέρα, πισία και λουκουμάδες κι όλος ο τόπος μοσχοβολούσε ρακή, τουρσί, και κανέλλα. Η μοσχοβολιά συνταίριαζε απρόσμενα με το ταγκιασμένο λάδι κι ο κόσμος σουλατσάριζε πέρα-δώθε κι απολάμβανε τον ωραίο χαβαλέ. Το αλισβερίσι[38] τελείωνε αργά το βράδυ, για να ξαναρχίσει πριν το ξημέρωμα με καινούργια όρεξη και μαχητικότητα.

 Αλλά και με τη φουσκοθαλασσιά του άρεζε να χαζεύει, όταν άδειαζε η προκυμαία απ' το λαουτζίκο και τ' αγριεμένα κύματα χτυπιόνταν αλύπητα πάνω της. Οι ψαρόβαρκες τότε βολόδερναν απελπισμένες και καμμιά φορά φουντάριζαν στο μαύρο νερό, γιατί αυτή η θάλασσα ήταν ζηλιάρα και μαυρόψυχη στ' αλήθεια... αφού είχε συνήθεια απ' τ' αρχαία χρόνια ακόμα, όπως τους έλεγε κάποτε ο δάσκαλος, να καταπίνει αχόρταγα πλοία κι ανθρώπους... Όσο κι αν ήταν όμως μαύρη η θάλασσα αυτή, είχε και μια σχέση παθιασμένη με το χρυσάφι, που το τραβούσε ανέκαθεν...

---

36 Ευχάριστη αναταραχή.
37 Τελωνοφύλακες.
38 Το πάρε δώσε.

Απ' το Χρυσόμαλλο Δέρας παλιά, μέχρι το τωρινό χρήμα των εμπόρων, που γέμιζε τον Πόντο με μπάνκες[39], σχολεία μεγαλοπρεπή, εκκλησίες κι αρχοντικά απίστευτα, που γίνονταν όλα με τον καιρό, μαύρος φθόνος στη ψυχή των Τούρκων...

Άλλοτε άρεζε να βολτάρει στα βουλεβάρτα της πόλης, τα μπεζεστένια[40], τα σοκάκια με τις ξύλινες πορτάρες τις στολισμένες με μπρούντζινα καρφιά, να βλέπει και ν' ακούει το λακιρντί[41] στα μπαλκόνια και τις αυλές, αλλά και να χαζεύει τις ψαραγορές και τα χασαπιά, τα αχτάρικα[42] και τα καπηλειά.

Η Σαμσούντα τον μάγεψε, αν και τα χρόνια ήταν δύσκολα και δεν μπορούσε να την απολαύσει, όπως ήθελε και της άξιζε. Ζαπτιέδες[43] περιπολούσαν όλη νύχτα, έλεγχαν τα χαρτιά των νέων ανδρών, συλλαμβάναν τους παράνομους, ενώ τη μέρα τελάληδες ξεφώνιζαν τις αποφάσεις, τις επιστρατεύσεις και τους φόρους, κι έσφιγγε η καρδιά του κοσμάκη και κλεινότανε και κρυβότανε κι αργούσε να βγει.

Τότε στους δρόμους δεν έβλεπες ούτε παιδί να παίζει, ούτε μεροκαματιάρηδες, ούτε τίποτε. Στα σοκάκια μόνο ο φόβος τριγυρνούσε κι όταν έβγαινε αυτός, κανείς δεν τολμούσε να ξεμυτίσει...

---

39 Τράπεζες.
40 Σκεπαστές αγορές.
41 Κουβεντούλα.
42 Μαγαζιά που πουλούν μπαχαρικά.
43 Χωροφύλακες.

Αμελές Γιοβάννης

Τον θείο του τον Αβραάμ, μια φορά πήγε και τον βρήκε στο σπιτικό του, δίπλα στη μεγάλη τράπεζα. «Θαύμασε» απ' την αρχοντιά του, τις καρυδένιες κονσόλες, τις λάμπες με τα χάρτινα καπέλλα, τ' ασημένια πιάτα, τα μαχαιροπήρουνα με τον δικέφαλο αετό απάνω τους και το ρολόι με τον γλυκόλαλο κούκο στον μουσαφίρ- οντά[44]. Ο ξάδελφος έλειπε συνέχεια, πότε με τις επαγγελματικές ομάδες του στρατού και πότε με την οργάνωση του αντάρτικου, που είχε αναλάβει ....κάτω απ' την μύτη των Τούρκων. Τη δράση του την ήξερε όλη η Σαμψούντα και τον θαύμαζε. Είχε έρθει στο σπίτι τους ένα βράδυ στα κρυφά να τον γνωρίσει και να του μιλήσει για το ...βουνό. «Αχ ξάδελφε το τι θαυμάζω αυτό που κάνεις δεν λέγεται. Και τι δεν θα 'δινα να μπορούσα να σ' ακολουθήσω. Δεν γίνεται όμως, το βλέπεις....έχω τα παιδιά. Θα μείνω πίσω το λοιπόν και θα 'χω στον νου μου και τους γονιούς σου... να 'σαι ήσυχος». Έτσι είπε ο Γιοβάννης κι έμεινε να τον θαυμάζει και να του καλοεύχεται.

Ο θείος είχε κάνει καλό κουμάντο κι ο παράς του φαινόταν. Έμπορας με καλή προκοπή και με γιο αξιωματικό στο τουρκικό στρατό, καμάρωνε δίκαια!!

Ο Γιοβάν είχε τελειώσει πριν δέκα χρόνια τη στρατιωτική σχολή της Πόλης, τη Μεκτεπί-Χαρσιγιέ και μπήκε στο στρατό από το 15 σαν υπολοχαγός. Πολέμησε στο Βαλκανικό, στον Παγκόσμιο αλλά έκανε κι άλλα πιο σπουδαία...

---

[44] Δωμάτιο υποδοχής.

Μαζί μ' ένα Τουρκαλβανό φίλο του, ελληνικής καταγωγής κι ένα δημοσιογράφο, φυγάδευαν έγγραφα από το φρουραρχείο του Κεμάλ στη Πόλη, προς τον Πατριάρχη, που τα 'στελνε μετά στην Αρμοστεία. Έτσι έσωσαν μια φορά τα θωρηκτά «Αβέρωφ» και «Κιλκίς» από τορπιλλισμό και λίγο αργότερα κάποιες συνοικίες της Πόλης από ένα προγραμματισμένο εμπρησμό.

Ενώ ήταν διορισμένος στις επαγγελματικές ομάδες του τουρκικού στρατού, κι έτρεχε στα ορυχεία του Κιουκιουρτλού, στα οχυρωματικά του Ερζερούμ και στο φωταέριο του Πουλούκ, μπορούσε παράλληλα να ...κινεί κρυφά, ένα αντάρτικο σώμα για την προστασία των Χριστιανών όλης της περιοχής.

Σούς-μούς, οι γείτονες στις συνοικίες Σαϊτ βέη[45] και Εσκή Μεζερλή[46], ψιλοκουβέντιαζαν τα καθέκαστα και μακάριζαν το παλικάρι για το θάρρος του και τον πατέρα για τον άξιο γιο. Αλλά και τον Μητροπολίτη Αμασσείας Γερμανό Καραβαγγέλη, ευγνωμονούσαν και τον επίσκοπο Ζήλων, που οργάνωσαν όλη την αντάρτικη κίνηση με τη συνδρομή των συμμάχων. Μάλιστα από το 20 κι εδώ, με τον Άγγλο Αρμοστή Σώλτερ, ο ξάδελφος στρατολόγησε με δικά του χρήματα, τετρακόσιους άνδρες μες την πόλη, εκτός απ' τα χωριά, κι η ευγνωμοσύνη του κόσμου δεν λεγόταν... Έγινε ο Γιοβάν τσαούς με τ' όνομα και τον έμαθαν όλοι και δυστυχώς κι οι Τούρκοι! Ο Φετχή πασάς με τους

---
45 Συνοικία.
46 Συνοικία.

Αμελές Γιοβάννης

αντάρτες του στα βουνά της Αμισού είχε λυσσάξει, ιδίως μετά τον εμπρησμό Τουρκικών χωριών και κυρίως μετά την εξόντωση, από τον Γιοβάν, του Μιμέτ –εφέντη, του αρχηγού των Τουρκο-Λαζών.

Έτσι είχαν τα πράγματα μέχρι που τον έπιασαν και τον έκλεισαν στο Τεκέ –Κιοϊ[47] και τον καταδίκασαν μαζί με άλλους σε εκτοπισμό. Δεν έμαθε κανείς, αν ήταν τυχαία σύλληψη σαν όλες τις άλλες ή αν τον κάρφωσε κάποιος.

Τους στάβλισαν σαν ζώα στους στάβλους του στρατώνα και δεν είχαν χώρο, ούτε να κάτσουν, πόσο μάλλον να ξαπλώσουν οι χτυπημένοι. Γιατί πολλοί ήταν αυτοί που είχαν καμτσικωθεί ή κοντακιαστεί, καθώς οδηγούνταν στη φυλακή. Κολλημένοι ο ένας πάνω στον άλλον, όρθιοι αρκετά εικοσιτετράωρα, με πρησμένα τα πόδια απ' την ορθοστασία, με κόκκινα τα μάτια απ' την αϋπνία, υπέφεραν και δεν ήταν παρά μόνο η αρχή... Έξω στα σύρματα μαζεύονταν καθημερινά γυναίκες και παιδιά και τους φώναζαν με τ' όνομα. Έριχναν μέσα στον προαύλιο φαγητά σε μικρούς μπόγους, κι έκλαιγαν, μαλλιοτραβιούνταν και τσίριζαν. Ξεσήκωναν τον τόπο, οι στρατιώτες τις έδιωχναν με τα όπλα, έριχναν και καμμιά στον αέρα κι ύστερα μάζευαν τις πίτες, τα ψωμιά και τα βραστά κοτόπουλα και τα τρώγαν προκλητικά μπροστά στους πεινασμένους αιχμαλώτους. Καμμιά φορά πίναν και ρακές... «επιταγμένες» κι έτσι

---

47 Στρατώνας στη Σαμψούντα.

όπως ήταν μεθυσμένοι, άρπαζαν στην τύχη καμμιά δεκαριά, τους έδιναν σ' ένα στρατιώτη κι αυτός τους οδηγούσε δεμένους έξω απ' την πόλη και τους τουφέκιζε. Αυτός ήταν ο τρόπος τους για ν' αραιώνουν τους αιχμάλωτους στους στάβλους. Την άλλη μέρα καινούργιοι κατάδικοι κι από κοντά καινούργια διαλογή... Κάπου-κάπου έμπαινε μες την αποθήκη κανένας γαλονάτος και καλούσε κάποιον ...που 'χε γνωριμίες, που 'χε Ιταλικό διαβατήριο κι άλλα τέτοια... Κι αυτουνού τα μάτια έλαμπαν, που θα λευτερωνόταν και του περνούσαν αμέσως οι πόνοι κι άρχιζε να χαιρετά τους απελπισμένους συντρόφους και μετά να τους υπόσχεται βοήθεια, μα οι υποσχέσεις του σαν τα δάκρυα, πέφταν και χάνονταν άκαρπες στη γη.

Τότε πλούτισαν πολλοί, απ' αυτούς τους απελπισμένους Χριστιανούς. Πασάδες, καϊμακάμηδες[48], τσανταρμάδες[49] και μικροσπιούνοι φάγανε καλά ρουσφέτια. Ταΐζανε κι αξιωματικούς για να πάρουν το επίσημο έγγραφο της απαλλαγής, που όμως κι αυτό καμμιά φορά ήτανε πλαστό ή ανίσχυρο κι επομένως άχρηστο.

Πολύ αργότερα το Ανώτατο Στρατοδικείο της Αμάσειας, καταδίκασε σε απαγχονισμό, τον Γιοβάν-τσαούς μαζί με άλλους 82 άρχοντους της περιοχής, για να χτυπήσει το αντάρτικο του Πόντου και να τσακίσει τους Έλληνες και την ιδέα του Ποντοαρμενικού κράτους, που δεν

---

48 Αναπληρωτής ή τοποτηρητής τόσο στη πολιτική όσο και στη στρατιωτική ιεραρχία.
49 Χωροφύλακες.

έλεγε να σβήσει. Τα ονόματα των επικηρυγμένων είχαν τοιχοκολληθεί σε δρόμους και πλατείες. Ευτυχώς όταν τον συνέλαβαν για τα αμελέ- ταμπουρού, δεν είχε ακόμη γίνει γνωστή η απόφαση του δικαστηρίου. Ο επίσκοπος Ζήλων Ευθύμιος, ο πρωτοσύγγελος Πλάτων Αϊβατζίδης, όλοι οι ιερείς και το προσωπικό της Επισκοπής, τραπεζίτες, καπνέμποροι και υπάλληλοι του Ρεντζί[50], Αμισινοί και Παφραίοι, όλοι κλείσθηκαν στις φυλακές της Αμάσειας κι άρχισαν να περιμένουν με αγωνία τα ...γεγονότα. Ο επίσκοπος Γερμανός Καραβαγγέλης, η ψυχή του Ποντιακού αντάρτικου, γλύτωσε την σύλληψη, γιατί ο Πατριάρχης Μελέτιος έμαθε για την καταδίκη του και δεν άφησε το πλοίο, που τον έφερνε από το Βουκουρέστι, να πιάσει στο Καράκιοϊ στην Πόλη. Πρόλαβε κι έστειλε με τον γραμματέα του, τον διορισμό του επισκόπου στα Ιωάννινα, κι ανάγκασε έτσι τον πλοίαρχο να συνεχίσει τον πλου για Αθήνα.

Όταν γίνονταν αυτά στην Αμάσεια, ο Γιοβάν τσαούς οδοιπορούσε, μαζί με τους άλλους αμελέδες προς την Μαλάτεια.

---

50 Μονοπώλιο καπνού.

... Ο ξάδερφος στρατολόγησε με δικά του χρήματα τετρακόσιους άνδρες μες την πόλη, εκτός από τα χωριά, και η ευγνωμοσύνη του κόσμου δεν λεγόταν.

Ο Γιοβάν Τσαούς στην Ελλάδα μετά από χρόνια.

Μια πλαγιά στο Τελίκ-Τας

Βάδιζαν στο σκοτάδι σε αράδες δυο-δυο. Πολλοί φορτώθηκαν δαδιά, να φωτίζουν το άγριο μονοπάτι κι όλα τα πρόσωπα γίνονταν αλλόκοτα, ίδια στοιχειά. Με «εφ' όπλου λόγχη» οι στρατιώτες ακολουθούσαν δεξιά-ζερβά έφιπποι κι οι λόγχες τους γυάλιζαν σαν αστραπές στο σκοτάδι. Μα πιο πολύ γυάλιζαν τα τσεκούρια τους, που κρεμασμένα στη ζώνη, χτυπιόνταν ρυθμικά πότε στο παγούρι, πότε στο τουφέκι και δίναν τέμπο τραγικό στο βάδισμα, μαζί με τα κουρασμένα πόδια των αιχμαλώτων, που μπουρδουκλώνονταν αρτζούμπαλα[51] στις πέτρες του δρόμου.

Τα μέλη του άρχισαν να μην υπακούουν. Περπατούσαν ήδη πολλές ώρες, ο Ανέστης έμενε κανα δυο βήματα πίσω,

---
51 Άγαρμπα, άτακτα.

κι οι δυο ήταν κάπου στη μέση της ομάδας. Οι σκέψεις του άρχισαν να λαθεύουν και τις παράτησε. Είπε να δει το παρόν. Από πού όμως ν' αντλήσει ελπίδα. Τα πόδια του φουσκάλιασαν, η πλάτη του πονούσε απ' τις κοντακιές, η υγρασία τον περούνιαζε και το αύριο ...δεν ήταν απλώς άγνωστο, ήταν πολύ κακό! Πόσο μεγάλη τους φάνηκε εκείνη η πρώτη νύχτα. Το 'βλεπαν το φεγγάρι να βασιλεύει, αλλά δεν σκόρπιζε το άτιμο το σκοτάδι.

Άρχισαν να κατεβαίνουν τη πλαγιά, οι φουντουκιές αραίωναν, κι επιτέλους το ξημέρωμα κίνησε να διώχνει σκοτάδια και σκιές. Ο ήλιος αλλιώτικα λαμπερός, δένδρα, φυλλωσιές και πουλιά στο γλυκό χαβά τους κι αυτοί οι καταραμένοι σ' ένα δρόμο χωρίς γυρισμό.

«Αμελέ-Ταμπουρού, Τάγματα Εργασίας!» Έλεγε και ξανάλεγε μέσα του ο Γιοβάννης. «Θα δουλέψω στο κάτω-κάτω, αυτό είναι όλο, θα δουλέψω... κι όταν με το καλό νικήσουμε στο μέτωπο θα μας παρατήσουν, τι θα κάνουν, ή θα συμφωνήσουν μπουμπαντελέ[52], κάτι τέλος πάντων θα γίνει». Αυτά αναμασούσε, πότε μόνος, πότε με τον Ανέστη, όταν παίρνανε καμμιά ανάσα κι ο φύλακας κοιτούσε αλλού... Τότε πρόβαλε μπροστά τους εκείνη η στοιχειωμένη πλαγιά...

Ήταν ολάκερη σπαρμένη... αμελέδες, μισοσάπιους-μισοφαγωμένους απ' τα τσακάλια, τυμπανιασμένους και μαύρους, παρατημένους κι άταφους μα προπαντός άκλαφτους...

---

52 Ανταλλαγή αιχμαλώτων.

Αμελές Γιοβάννης

Το κακό έγινε κατά πως φαίνεται, μόλις φύγαν απ' την Σαμψούντα, καλή ώρα όπως αυτοί... Ποια αποστολή να ήταν, η πρώτη για η δεύτερη, που να πήγαιναν στο Τσιμπίς-Χαν ή στο Τσακαλή... και γιατί; Γιατί; Αφού θα δουλεύανε... Δεν κοτούσαν να κοιτάξουν καλά, μα δεν σταματούσαν και να κλέβουν ματιές τρόμου! Μερικοί ήταν καμμένοι, άλλοι δεμένοι μεταξύ τους με σύρματα. Άλλοι ξεκοιλιασμένοι με ξιφολόγχη, άλλοι μ' ανοιγμένο το κεφάλι από μπαλτά, άλλοι με σφαίρες καρφωμένοι, πεσμένοι ανάσκελα ή μπρούμυτα, κάποιοι αγκαλιασμένοι, άλλοι μόνοι κουλουριασμένοι, άλλοι με στηλωμένα τα μάτια στον ουρανό να περιμένουν ακόμη απάντηση στο... γιατί, καταραμένα κουφάρια της πατρογονικής τους γης...

Κατέβασαν το κεφάλι, σταυροκοπήθηκαν κρυφά, κάποιος μουρμούρισε κάτι απ' την εξόδιο ακολουθία κι έπεσε βουβαμάρα και θλίψη μεγάλη. Αυτή ήταν η αρχή. Τους έμελλε όμως να γνωρίσουν όλες τις χαράδρες και τις ρεματιές του Τελίκ-τας, που τα κόκκαλα των Χριστιανών τότε έγιναν ένα με την σάρκα και την ψυχή του...

Γιατί τα βουνά έχουν ψυχή, που καμαρώνει και τραγουδάει τους γενναίους ακρίτες και τα κατορθώματά τους, αλλά και θρηνεί τ' άδικα φονικά... Έτσι τους φάνηκε πως η μαύρη ψυχή του Τελίκ-Τάς θρηνούσε από το βάρος εκείνων των αθώων πάνω του. Άκουγαν τον θρήνο του, άκουγαν λόγια, κλάμματα και βογγητά, έβλεπαν μορφές άυλες, να περιφέρονται απεγνωσμένες και να χάνονται στις σκιές. Λύθηκαν τα πόδια τους. Μαύρισε το μέσα τους.

Ένα καραβάνι φάνηκε στα ριζά της πλαγιάς και τους έβγαλε απ' την περισυλλογή. Ο ντεβές[53], κουνάμενος-σεινάμενος, στολισμένος λουλούδια, χάνδρες και χράμια πολύχρωμα βάδιζε αργά και περήφανα με τον καμηλιέρη αρματωμένο πάνω του. Από πίσω οι άλλες καμήλες φορτωμένες τορβάδες, καλάθια, κιούπια... με μετάξια, ελιές, σταφίδες, φουντούκια, δηλαδή στην ουσία ένα σεντούκι λίρες... όλα τα καλά μαζί, βάδιζαν τον δρόμο τους, σαν να μη είχε τίποτε αλλάξει. Γύρω-γύρω ζαπτιέδες[54] πάνω σε άλογα φύλαγαν το θησαυρό, φορτωμένοι κι αυτοί όπλα. Σε λίγο η αρματωσιά τους αυτή, δε θ' αρκούσε και το εμπόριο θα σταματούσε κι αυτό, γιατί οι καιροί είχαν πολύ αγριέψει και στους δρόμους δεν θα έβγαινε κανείς, παρά μόνον αντάρτες άγριοι κι εκδικητικοί.

Δεν είχε ξεβρωμίσει ακόμη ο τόπος απ' τη σάπια σάρκα και τους έβαλαν να ξαποστάσουν. Κάθησαν πλάτη με πλάτη. Ακούμπισε το κεφάλι στα χέρια του και δοκίμασε να βάλει στο στόμα ένα μικρό κομμάτι ψωμί, σαν αντίδωρο, που 'χε στην τσέπη. Το νερό, τους είχε από ώρα τελειώσει και το σάλιο, βρώμικο στο στόμα τους πήχτωσε κι έγινε πικρό σαν φαρμάκι.

Κοιτούσαν να βολευτούνε, με τρόπο ώστε να βλέπουν συνέχεια τις κινήσεις των στρατιωτών. «Κάπως έτσι θα

---

53 Η πρώτη καμήλα στο καραβάνι.
54 Αστυνομικοί

έτρωγαν αμέριμνοι, εκείνοι οι δυστυχισμένοι, όταν τους ρίχτηκαν οι γιουρούκοι...», είπε ψιθυριστά στον διπλανό του κι ανατρίχιασαν κι οι δυο.

Εκεί καθισμένοι, ένοιωσαν ένα συρφετό να πλησιάζει μέσα απ' τα δένδρα, ίδια τρομακτικό με το δικό τους, με τσανταρμάδες[55] φορτωμένους μαρτίνια[56], έτοιμα να χύσουν φωτιά και θάνατο... σ' όποιον δεν κάνει γρήγορα ή βαρυγγομάει, σ' όποιον είναι άρρωστος. Είδαν ανάμεσά τους πολλούς Αμισινούς, μαγαζάτορες, παπάδες, δασκάλους, γειτόνους, τον γιατρό Παϊτζόγλου, τον δικηγόρο Καρασαββίδη, όλους ταλαιπωρημένους κι απελπισμένους απ' το Τεκέ-κιοϊ[57]... Είχαν κρατηθεί εκεί αρκετές μέρες και από σήμερα θα πορεύονταν μαζί τους.

Τότε είδε τον Γιοβάν-τσαούς!
Καθόταν σχεδόν απέναντί του και τον κοίταζε ερευνητικά. Δυσκολεύτηκε να τον αναγνωρίσει. Τα γένια του μακρυά, αντάρτικα κι η όψη του τσακισμένη... σαν όλους τους φυλακισμένους. Τα μάτια του μισόκλειστα, έμοιαζαν να χαμογελάνε. Μοιάζαν πολύ οι δυο τους, σχεδόν σαν δίδυμοι... Μαύρα ίσια μαλλιά, χωρίστρα στο ίδιο πλάι, μάγουλα, αυτιά και μύτη θεληματικά και με ύφος αψύ, κορμί ευθυτενές και καλοβαλμένο. «Γιοβάννη, ξάδελφε, εδώ λοιπόν σε βρίσκω... στο Τελίκ–τας», είπε με πικρό χαμόγελο.

---

55 Χωροφύλακες.
56 Όπλα.
57 Στρατώνας-φυλακή της Αμισού.

Κανένας δεν κουνήθηκε, ούτε τα χέρια δώσανε, γιατί ήτανε δεμμένα...Με τα μάτια αγκαλιάστηκαν κι ευχήθηκαν... λευτεριά. Ήθελε να ρωτήσει πώς βρέθηκε στη φυλακή, μα δεν πρόλαβε, οι φρουροί δώσαν αμέσως το σύνθημα, να σηκωθούν.

Αμελές Γιοβάννης

... με στυλωμένα τα μάτια στον ουρανό περίμεναν απάντηση στο γιατί... καταραμένα κουφάρια της πατρογονικής τους γης...

... Η στοιχειωμένη πλαγιά ήταν ολάκερη σπαρμένη... αμελέδες.

Στο δρόμο...

«Κάλκινιζ»[58], ακούστηκε άγρια η φωνή του αποσπασμάρχη. Βόγγιξαν και σηκώθηκαν. Άρχισαν να κατεβαίνουν την πλαγιά.

Όλη μέρα περπατούσαν, ξεψυχισμένα. Σαν πλησίαζαν σε χωριά, παρακαλούσαν τους Τούρκους για λίγο νερό. «Σού, σού», φώναζαν απελπισμένοι. Τους πλησίαζαν οι χωριάτες με τα κόκκινα ζωνάρια, τα σαρίκια και τα κοντά βρακιά, μα αντί για ψωμί και νερό, φέρνανε βούνευρα και τους μαστίγωναν.

Σταμάτησαν πια να ζητούν.

Σε λίγο η φοβερή βρώμα στον αέρα τους ταρακούνησε. Μετά απ' εκείνη τη πλαγιά στο Τελίκ–Τας, δεν μπορούσαν με τίποτε να τη ξεχάσουν. Σε λίγα μέτρα απάντησαν ένα

---

58 Σηκωθείτε.

λέσι[59]... τυμπανιασμένο στην άκρη του δρόμου. Έτσι θα συνέχιζαν με τέτοια συναπαντήματα... γέρους, νέους, γυναίκες και παιδιά, σκοτωμένους και παρατημένους στο πουθενά σαν ψόφια ζώα.

Σαν έπεσε ο ήλιος, φάνηκε κοντά στο δρόμο ένας ερειπιώνας μεσαιωνικός. Τραγικά στοιχειά των καιρών τους, ήρθαν ν' αράξουν μέσα του, δίπλα σε βασιλιάδες και σταυροφόρους, που αφέντες του τόπου, τον εξουσίαζαν δικαιωματικά εδώ και αιώνες...

Δεν είχε στέγη, μα μπορούσε κανείς να λουφάξει κολλητά στους τοίχους του, που 'ταν ακόμη ζεστοί απ' τον Αυγουστιάτικο ήλιο και να σιάξει το τυρανισμένο κορμί του για λίγο. Κι όπως τους λύσαν τα χέρια, ήπιε λίγο νερό απ' ένα ρυάκι εκεί δίπλα, κι ένοιωσε λίγο καλύτερα. Η Μεγάλη Άρκτος κι ο Αυγερινός... ήταν στη θέση τους. Τίποτε δεν είχε αλλάξει εκεί ψηλά. Μόνο στη γη τους έγινε συντέλεια... Μάζεψε ξερόχορτα κι έγειρε στο πλευρό. Έκανε προσκέφαλο την παλάμη του και κοιμήθηκε ύπνο εφιαλτικό και τυραννικό, δίπλα... σ' έναν ακρίτα κι έναν Φράγκο Ρογήρο... που δεν λέγαν να ξαρματωθούν και να ησυχάσουν...

Η άλλη μέρα δεν ξεκίνησε καλά. «Τσικάρ», «Τσικάρ[60]», ξανά και ξανά φώναζαν οι στρατιώτες και τους

---

59 Ψοφίμι.
60 Βγάλ' τα.

Αμελές Γιοβάννης

ανάγκασαν να βγάλουν τα παπούτσια τους. Η διαταγή ήταν να βγει η πορεία τους απ' το δρόμο. Μέσα απ' τα χωράφια, τα γεμάτα ξεράγκαθα, με τους ζαμπίτ[61] πάνω στ' άλογα να τους κυνηγάν και να τους κοντακιάζουν[62], όταν αργούν ή όταν βογγούν, άρχισαν να ζουν ένα καινούργιο μαρτύριο. Αγκάθια καρφώνονταν και έσχιζαν τις πατούσες τους κι οι χοντρές πέτρες κουρέλιαζαν και μεγάλωναν τις πληγές τους. Όσοι προλάβαιναν, έκοβαν τις φανέλλες ή τα πουκάμισα και έδεναν μ' αυτά, τα πόδια τους. Κάποιοι βρήκαν τσουβάλια και κάναν το ίδιο. Τα πόδια μάτωσαν. Οι χθεσινές φουσκάλες έσκασαν κι ο πόνος ο άτιμος χτυπούσε κατευθείαν στη καρδιά, σαν σουβλί. Βγήκαν πάλι στο δρόμο κι συνέχισαν το τρέξιμο.

Εκεί έπεσε στα γόνατα λαχανιασμένος, ο γιατρός Παϊτζόγλου. Άσπρισαν τα χείλια του, γύρισαν τα μάτια του, αναστέναξε, έγειρε αργά ανάσκελα και σκεπάστηκε απ' την αρχοντική κοιλιά του, την ανάμνηση της καλοζωίας του, στα καλά τα χρόνια. Μερικοί ζήλεψαν την τύχη του... «γλύτωσε, γλύτωσε» έλεγαν και ξανάλεγαν. Ήταν η πρώτη απώλεια, σε λίγο θα έπαυαν να τις μετρούν.

Μεσημέρι χωθήκαν σε μια εκκλησιά, μα δεν τους χωρούσε όλους κι έτσι οι πιο πολλοί ψήθηκαν στον ήλιο. Οι στρατιώτες ξεδίψασαν στη βρύση, αυτοί θα πίνανε από κανένα βαλ-

---
61 Αξιωματικούς.
62 Ξυλοφορτώνουν.

τονέρι, όπως έγινε και χθες. Φοβούνταν πολύ τον τύφο και την δυσεντερία, μα κανείς δεν μπορούσε να φυλαχτεί, γιατί η δίψα ήταν θαρρείς πιο τραγική απ' τον πόνο. Οι πιο πιστοί κάναν τον σταυρό τους, όταν πίναν λασπόνερο, σα να 'ταν θεία κοινωνία, για να ξορκίσουν έτσι τον κίνδυνο της αρρώστειας.

Εκεί στα βρωμόνερα κοντά είδε πάλι τον ξάδελφο. «Ξάδελφε, δεν αντέχω εγώ αυτή τη κατάρα, δεν ξέρω... κάτι θα κάνω!», του είπε ο Γιοβάν. Δεν κατάλαβε τι εννοούσε. Του 'πιασε εκείνος τα χέρια με νόημα και συνέχισε. «Όσο για σένα, να προσέχεις, μ' ακούς; Να φυλάγεσαι. Κι αν σε ρωτούν... να λες, είσαι ο Γιοβάννης Χίντζογλου απ' το Γιοσγάτ όχι απ' την Σαμψούντα... Ακούς;»

Δεν πρόλαβε να τον ρωτήσει... Δεν πρόλαβε να καταλάβει. Ο Γιοβάν τσαούς τρύπωσε στο δικό του μπουλούκι και δεν τον ματαείδε. Το βράδυ εκείνο τους βάλαν να κοιμηθούν σε σταύλους, παρέα με τα ζωντανά και τις ζεστές και υγρές καβαλίνες τους. Αργά τα μεσάνυχτα ακούστηκαν τουφέκια να βροντούν στα βουνά και το πρωί έμαθαν, ότι δυο δραπέτευσαν, ο ένας ήταν ο Γιοβάν τσαούς κι ο άλλος, ο φίλος και συμμαθητής του, ο Καρασεραφείμ.

Πού τις είχε κρυμμένες τις λίρες ο Γιοβάν, πώς τα μαστόρεψε και... έψησε τον μαφαζά[63], τον ήξερε μήπως από το στρατό; Δεν έμαθε κανείς.

---

63 Φύλακα.

Αμελές Γιοβάννης

Πώς περιπλανήθηκε μετά ανάμεσα Σεβάστεια, Ερζερούμ, Σαρή Κα, πώς έφθασε στη Σαμψούντα κι πώς απ' εκεί με άλλους αντάρτες διέφυγε με συμμαχικό πλοίο στην Οδησσό, την Βάρνα και την Κωνστάντζα, πόσο ταλαιπωρήθηκε και βέβαια πόσο κινδύνεψε, δεν έμαθαν ποτέ εκείνοι οι αμελέδες. Τον μακάρισαν τότε για την τύχη του και κοίταξαν την δική τους την κακορίζικη.

Απ' εκείνη τη μέρα ο Γιοβάννης τον ξέχασε τον ξάδελφο τσαούση, θυμόταν κάπου-κάπου την Ευανθία και τα παιδιά, ιδίως όταν ριμαδιαζόταν το βράδυ κατάχαμα στο χώμα, αλλά το περισσότερο είχε να κάνει με τους συντρόφους του. Τον Ανέστη τον γείτονα, τον Γρηγόρ-εφέντη τον Γκελβεριώτη, τον καπνέμπορο χατζη-Ανάργυρο, τον Συμεών τον αργυραμοιβό, τον Γιώργη Σαββίδη με τα «Εδώδιμα Αποικιακά» στην πλατεία και ένα σωρό άλλους αρχόντους χθες, κατάδικους σήμερα. Αυτοί ήταν η οικογένειά του. Αυτούς πονούσε. Τους διάβαζε με τα μάτια, ήξερε τις αντοχές τους, ένοιωθε τον πυρετό τους, γιατί άρχισε κι αυτό το βάσανο να τους τυραννάει τελευταία. Ένας ακόμη απόκαμε εκείνη τη μέρα, έμεινε πίσω και φώναζε συνέχεια αποτρελαμένος... «δεν μπορώ άλλο, όχι άλλο». Τότε ο αξιωματικός έδωσε εντολή σε δυο στρατιώτες... μείναν δίπλα του για λίγο ίσαμε να μακρύνουν οι πολλοί, τον τράβηξαν στην άκρη κι έκαναν αυτό που 'χαν εντολή να κάνουν. Γύρισαν μόνοι και βάδιζαν πίσω τους σκεφτικοί.

Πήραν πάλι το δρόμο. Ένας ρηχός τάφος στην άκρη του, μισοαγκάλιαζε ένα μικρό κορίτσι με μια κούκλα πάνινη, κάτω από τα χέρια του τα σταυρωμένα. Το λίγο χώμα δεν σκέπαζε σχεδόν τίποτε, ούτε τα κόκκινα παπούτσια του, ούτε τα χρωματιστά ρούχα, ούτε τον φιόγκο στα μαλλιά. Πιο πέρα ένα νεογέννητο, ακόμη με τις ματωμένες φασκιές της γέννας, καλά τακτοποιημένο... δίπλα σ' ένα φράχτη.

Εκείνο το βράδυ άργησαν να κοιμηθούν οι αμελέδες. Τα δυο παιδιά δεν λέγαν να φύγουν απ' τα μάτια τους και τα βλέφαρά τους αρνούνταν να κλείσουν.

Αμελές Γιοβάννης

...πήραν μπρος άνθρωποι και μπογαλάκια, γκρίζοι και βρώμικοι, κολλημένοι στο δρόμο σαν φίδι σερνάμενο, σταχτένιο, άκακο και αργό.

Βρήκαν καθαρά τσουβάλια να τυλίξουν τα πόδια τους... Ότι θα εκτιμούσαν τόσο τα τσουβάλια στη ζωή τους δεν το περίμεναν.

Μαφαζάδες[64] και τσαούσηδες[65]

Με τους μαφαζάδες ο Γιοβάννης τα πήγαινε καλά. Ο Αχμέτ μάλιστα, ένας χωρικός απ' το Ικόνιο κοντά, ήταν πολύ καλός μαζί του. «Ογλούμ[66], μη σεκλετίζεσαι. Μπορεί να γίνει μπουμπαντελέ[67], μπορεί και αβουσχανέ[68], αν υπογράψουν ειρήνη οι μεγάλοι και τότε να δεις, θα σωθούμε όλοι, κι εσείς κι εμείς... Έχει ο Θεός. Και πρόσεχε ογλούμ, μην αλαργεύεις, μη μένεις πίσω και του 'ρθει κανενός σαλεμένου και σου ρίξει...».

---

64 Φρουροί-ανυπότακτοι Τούρκοι που φύγαν στα βουνά κάποτε, αλλά τώρα ορίσθηκαν φύλακες των αμελέδων.
65 Λοχίες τουρκικού στρατού.
66 Γιε μου.
67 Ανταλλαγή αιχμαλώτων.
68 Αμνηστεία.

Ο Αχμέτ ήταν τσιτμής[69]. Συμπαθούσε και πονούσε τους Χριστιανούς, αφού όπως συχνά έλεγε Αλεβήδες και Χριστιανοί είναι ένα.

«Δεν είναι καλά πράγματα αυτά», του λεγε εμπιστευτικά, «δεν τα θέλει ούτε το Κοράνι». Σαν μοίραζαν το ψωμί, του φύλαγε μεγάλο κομμάτι κι όταν άρχισαν να στήνονται και μαγειριά, τότε διάλεγε την πιο μεγάλη γαβάθα για τον Γιοβάννη.

«Μοιάζεις του γιου μου, που πέθανε τον πρώτο χρόνο του πολέμου, στην Άγκυρα, από πνευμονία... Αχ γιαβρούμ, αχ μεμλεκέτ[70]», μοιρολογούσε κι ο Αχμέτ, που 'χε κι αυτός τα δικά του ντέρτια.

Τις προάλλες που μπήκαν λίγο σε εκκλησία να φυλαχτούν απ' τον ήλιο τον πυρωμένο, χάζεψε τις αγιογραφίες πρώτα κι ύστερα είπε: «Οι Άγιοί σας Γιοβάννη, γυμνοί και κοκκαλιάρηδες όλοι τους, μοιάζουν εκδικητικοί... έτσι είναι;»

«Αυστηροί είναι Αχμέτ εφέντη, όχι εκδικητικοί... Και κοκκαλιάρηδες γυμνοί που είναι, να... σαν εμάς είναι. Γιατί τι νομίζεις κι εμείς κοντεύουμε ν' αγιάσουμε, τέτοιο μαρτύριο που περνάμε για την πίστη μας... Ας δώσει ο Θεός κι ας

---

69 Τσιτμής-Αλεβής = αίρεση μουσουλμάνικη που δημιουργήθηκε τον 11ο αιώνα από εξισλαμισμένους Χριστιανούς, όταν αυτοί συσπειρώθηκαν γύρω από τον Μεβλανά τον Ρωμιό, Πέρση Μυστικιστή. Πιστεύουν στην Παναγία, τον Άγιο Γεώργιο και τους 12 Αποστόλους και πάντα λένε, πως προέρχονται από τους Χριστιανούς.
70 Πατρίδα.

μας λυπηθεί»! Μιλούσαν τα βράδια ώρες πολλές κι άνοιγαν την καρδιά τους ο ένας στον άλλον για τα παιδιά του ο καθένας, για παλιές ιστορίες του τόπου αλλά και για εκκλησίες και αγίους, που άρεζε στον μαφαζά ν' ακούει.

Καμμιά φορά ο Αχμέτ τραγουδούσε το τραγούδι του Τσακιτζή[71] κι είχε ωραία φωνή κι άρεζε σ' όλους στο μπουλούκι. Τον είχαν όλοι σαν πατέρα τους, σαν συγγενή ένα πράγμα, κι η ψυχή τους μαλάκωνε και μέρωνε για λίγο... Θυμόταν τότε όλους τους Τούρκους που 'χαν φίλους, γειτόνους ή συνεργάτες, τα γλέντια που κάναν μαζί, τις κουβέντες τις σοφές, τα λόγια της παρηγοριάς, που αντάλλασσαν κατά καιρούς κι οι καρδιές τους νοιώθαν πάλι όπως παλιά αδελφωμένες, μέχρι να φανεί ο φύλακας στην πόρτα με το τουφέκι, να ρίξει μια βρισιά ή μια κοντακιά για το αντέτι[72]... και να συνέλθουν και ν' αφήσουν τα τραγούδια και τις αναμνήσεις στην άκρη...

Το αντίθετο του Αχμέτη-μαφαζά, ήταν ο τσαούσης ο Μηνάς, ο δικός τους. Όταν αρχίσαν να δουλεύουν και τον διάλεξε για λοχία ο αποσπασματάρχης, αυτός κοίταξε αμέσως να βγάλει κέρδος απ' τους σκλάβους. Τα κουβέντιασε με τον αξιωματικό, τα συμφώνησε μαζί του στα γρόσια, δηλαδή τον... τάισε καλά, κι αφού πήρε στα χέρια του το κουμάντο των σκλάβων, άρχισε να τους πουλάει για νυχτε-

---

71 Μυθικός ήρωας περασμένων αιώνων, που προστάτευε τους φτωχούς, τις γυναίκες και τα ορφανά.
72 Συνήθεια.

Δέσποινα Χίντζογλου-Αμασλίδου

ρινό χαμαλίκι και να μαζεύει λεφτά. Κι αυτοί οι δυστυχισμένοι, έπρεπε το πρωί να ξαναρχίζουν την δουλειά μαζί με τους άλλους. Κέρδιζε ο αξιωματικός στα μουλωχτά, μα το κέρδος του Μηνά, ήταν αυτό που φαινόταν και ενοχλούσε το πιο πολύ. Ερχόταν με καινούργια ρούχα και γυαλιστερές μπότες κι οι αμελέδες άρχισαν να τον μισούν και να το δείχνουν. «Από μας ρε, αντί να μας στέκεται και να μας βοηθάει, πλουτίζει απ' τον ιδρώτα μας;» Και σαν κι αυτόν ήταν κι άλλοι πολλοί, τσανάκια των Τούρκων όλοι. Ήταν η αριστοκρατία του τάγματος, οι πιο καλοντυμένοι, οι πιο χορτασμένοι. Σπιούνιαζαν τους αμελέδες στους αξιωματικούς για να γίνονται αρεστοί και το χειρότερο πουλούσαν τον κόπο των δυστυχισμένων για λίγα γρόσια... Μάλιστα ανταμώνανε καμμιά φορά όλοι μαζί, τρώγαν, πίναν μπροστά στους πεινασμένους, φέρναν και λαγούτο και λουλά για να μερακλώσουν και η έχθρα των αμελέδων μεγάλωνε παραπάνω. Μια έχθρα που θα φούντωνε περισσότερο αργότερα, μετά την ανταλλαγή, απ' αυτούς που ζήσαν και φέραν πίσω στην πατρίδα όλες εκείνες τις μαύρες μνήμες.

Οι τσαούσηδες αυτοί, δεν είχαν πια σ' αυτές τις κοινωνίες καμμιά θέση. Η κακή φήμη τους έφθανε... όπου κι αν δοκίμαζαν να κρυφτούν.

Αμελές Γιοβάννης

Τα τσεκούρια τους κρεμασμένα στη ζώνη, χτυπιόνταν ρυθμικά, πότε στο παγούρι, πότε στο τουφέκι και δίναν τέμπο τραγικό στο βάδισμα, μαζί με τα κουρασμένα πόδια των αιχμαλώτων, που μπουρδουκλώνονταν αρτζούμπαλα στις πέτρες του δρόμου.

Αμελές Γιοβάννης

Τάγματα εργασίας

Το που βαδίζανε δεν το καλοξέρανε. Κάποτε ο Γιοβάννης κατάλαβε ότι πλησιάζαν στο Γιοσγάτ. Γνώρισε τα περήφανα υψίπεδα, γνώρισε τον Γεσίλ Ιρμάκ[73], μύρισε τον αέρα, είδε τα σκήνα και τις κουμαριές και συγκινήθηκε. Ευτυχώς λόξευσαν, γύρισαν ανατολικά και πήραν στο κατόπι μια σιδηροδρομική γραμμή. Δεν θα άντεχε να δει από μακρυά... καμπαναριά, μιναρέδες, κήπους κι αμπέλια... ειρηνικά και βλογημένα όλα.

Κάποτε άφησαν πίσω το Μπογκάζκιοϊ. «Μου φαίνεται πάμε για το Ακ Νταγ Μαντέν» είπε ο χατζη-Ανάργυρος ο καπνέμπορος, που 'χε χρόνια νταλαβέρια με κοντραμπατζήδες[74] και κολτζήδες[75] κι ήξερε τους δρόμους καλά.

---

73 Ποταμός Ίρης.
74 Λαθρέμποροι.
75 Καταδιωκτικά αποσπάσματα λαθρεμπόρων.

Ο καλός τους ο μαφαζάς, ο Αχμέτ, είπε πως άκουσε απ' τους αξιωματικούς, ότι πηγαίνουν προς την Μαλάτια[76] στο βιλαέτι του Ντιαρμπεκίρ. Θα περνούσαν όμως κι απ' το Σίβας[77], που είχε μεγάλο οργανωμένο στρατόπεδο και ίσως μέναν εκεί για δουλειά καιρό κι αυτό θα 'ταν καλό για όλους... γιατί τον δρόμο φοβούνταν όλοι, όχι την δουλειά. Πήραν μπρος άνθρωποι και μπογαλάκια, γκρίζοι και βρώμικοι, κολλημένοι στο δρόμο σαν φίδι σερνάμενο, σταχτένιο, άκακο κι αργό. Πάλι ξεκίνησε ο ίδιος θόρυβος, το σύρσιμο, το κούτσαμα, η σκόνη, το κοντανάσασμα κι οι προσευχές...

Έπιασε βροχή, απ' τον Θεό θα ήταν. Τους έβαλαν να καθήσουν καταγής, ο ένας κολλητός στον άλλον. Φύλακες και αξιωματικοί στριμώχτηκαν κάτω από ένα υπόστεγο και φυλάχτηκαν. Αυτοί βράχηκαν μέχρι το κόκκαλο. Τα τσουβάλια στα πόδια τους ήταν έτοιμα να διαλυθούν. Το νερό έτρεχε πάνω τους κι έκανε βρώμικα ρυάκια στα μάγουλα, τα λαιμά κι έσταζε απ' τη μύτη, τ' αυτιά και τα δάχτυλα. Κάποτε τέλειωσε κι αυτό. Έκαναν να σηκωθούν και δυσκολεύτηκαν. Τους βάραινε το νερό, η λάσπη, το «γιατί», τους βάραινε πιο πολύ η μοίρα τους. Το ουράνιο τόξο, τους έκανε να σηκώσουν λίγο τα μάτια στον ουρανό και ν' ανασάνουν.

---
76 Μελιτινή.
77 Σεβάστεια.

Πλησίασαν στο Γενιχάν. Άνδρες και γυναίκες χωρικοί με παρδαλά ρούχα δούλευαν ήρεμα στα χωράφια κι ο μουεζίνης[78] ακουγόταν από τον μιναρέ στο βάθος… «Αλλαχού ακμπάρ[79]» και τους καλούσε για προσευχή. Οι Τούρκοι σταμάτησαν την δουλειά τους, προσκύνησαν προς τη Μέκκα και ύστερα βάλθηκαν να χαζεύουν τους αιχμαλώτους, αηδιασμένοι.

Έφθασαν στο σταθμό τη στιγμή που πλησίαζε το τραίνο φορτωμένο. Κάποιοι στα παράθυρα τους κοιτούσαν κι αυτοί με περιέργεια. Οι γυναίκες σκεπάζαν καλά το πρόσωπό τους κι οι άνδρες τους έφτυναν κι έβριζαν. Πώς ξεθάφτηκαν αρχαίες έχθρητες και γίναν λιοντάρια τα χθεσινά αρνιά, δεν μπορούσαν να ερμηνέψουν. Μέχρι χθες τον γλύφανε τον Χριστιανό, σήμερα να τον λιώσουν σαν ζωύφιο στη γη, δεν θα χορτάσουν… Ήταν άνθρωποι καθημερινοί, άλλοι φτωχοί με σαλβάρια[80] κι αντερί[81] κι άλλοι πλούσιοι με γυαλιστερά φέσια και κόκκινα σαν τη φωτιά ζωνάρια…

Η ζωή εκεί… εκείνη τη στιγμή, έμοιαζε να μην έχει αλλάξει σε τίποτε… Καλωσορίσματα, ανταμώματα, μπαούλα, μπόγοι, χαμάληδες, χαρές απλές καθημερινές, όμως γι αυτούς μακρυνές και ολότελα ξεχασμένες... Ήρθε από κοντά

---

78 Θρησκευτικός λειτουργός που καλεί από τον μιναρέ για προσευχή.
79 Ο Θεός είναι μεγάλος.
80 Φαρδύ παντελόνι, βράκα που φορούν οι χωρικοί.
81 Μακρύ ένδυμα με μανίκια.

κι η πόστα του στρατού, φορτωμένη ζώα. Φρενάρισε αργά κι οι ρόδες τσίριξαν δαιμονισμένα και γέμισαν τον τόπο σπίθες. Βγήκε τότε πολλή δουλειά γι' αυτούς. Να ξεφορτώσουν πρώτα με ρέγουλα τ' άλογα και τα μουλάρια κι ύστερα τα κάρβουνα.

Εκεί σε μια αποθήκη, βρήκαν καθαρά τσουβάλια να τυλίξουν καλά τα πόδια τους. Ήταν μεγάλος θησαυρός. Πέταξαν τα παλιά, δέσαν καινούργια, κράτησαν και μερικά για να 'χουν. Ότι θα εκτιμούσαν τόσο τα τσουβάλια στη ζωή τους, δεν το περίμεναν ποτέ. Ο Ανέστης βρήκε και δυο σανιδάκια σαν πατούσες, τα φάσκιωσε κι αυτά με τα τσουβάλια κι έγινε ο πρώτος... Κι άλλοι τον μιμήθηκαν. Βρήκαν άχυρα, τα 'δωσαν το σχήμα της πατούσας κι ύστερα τα τύλιξαν με σχοινιά όλα μαζί, πόδια κι άχυρα και έγιναν σαν να φορούσαν μποτίνια.

Τώρα το μεγάλο τους βάσανο ήταν οι ψείρες. Είχαν παραγίνει. Θρασέψαν τόσο που βγαίναν τσάρκα στα φανερά. Μέχρι τα φρύδια βολτάριζαν οι άτιμες.

Ξύνονταν οι φουκαράδες ώσπου να ματώσουν κι ανακούφιση δεν έβρισκαν. Και το μαρτύριο σταματούσε, όταν πλήγιαζαν και μάτωναν κι ο πόνος θέριευε κι έκαμε ζάφτι[82] τη φαγούρα... Τα βράδια όταν ανάβαν καμμιά φωτιά με φρύγανα και ξερόκλαδα, βγάζαν τα ρούχα τους και τα τίναζαν πάνω στις φλόγες και τις άκουγαν να σκάνε και χαίρονταν γιατί παίρναν εκδίκηση. Κάποτε ερχόταν κι ο φύλακας,

---

82 Κάνω ζάφτι=τιθασεύω.

Αμελές Γιοβάννης

έβγαζε το αμπέχωνό του και ξεψειριαζόταν μαζί τους και τότε γινόταν ίσοι για λίγο, για δυο λεπτά μόνο... Και μπορεί οι ψείρες να μη μπορούσαν να τους φιλιώσουν για καλά, η αρρώστεια όμως μπορούσε... Ένας αμελές κι ένας μαφαζάς δίπλα-δίπλα, άρρωστοι, ταβλιασμένοι κι ανήμποροι, ήταν πονετικοί μεταξύ τους και κάμναν τους Θεούς τους έναν... και την πατρίδα τους επίσης.

Τις μέρες π' ακολούθησαν έκαναν γερό χαμαλίκι. Ίσαμε 200 τσουβάλια κάρβουνο κουβάλησαν στις αποθήκες του σταθμού και δεν ήταν καθόλου εύκολη δουλειά. Κάθε τσουβάλι 70 οκάδες περίπου, πώς να σηκωθεί στους ώμους... Λύγιζαν τα γόνατα και τρέμαν έτοιμα να σαβουριαστούν και το καμτσίκι δεν λογάριαζε ανημπόρια ή αρρώστεια. Ο Γιοβάννης τσακίστηκε χάμω και μάτωσε στο κεφάλι κι ο τσαούσης έβριζε από πάνω, γιατί λέρωσε το τσουβάλι στις λάσπες.

Δέσποινα Χίντζογλου-Αμασλίδου

... τον δρόμο φοβούνταν, όχι τη δουλειά.

Αμελές Γιοβάννης

Πάλη με τη πέτρα

Ήρθε επιτέλους η στιγμή ν' αράξουν σε μεγάλο στρατόπεδο, πρέπει να 'ταν κοντά στο Ακ Νταγ Μαντέν. «Ίσαλλαχ[83]», είπε ο Αχμέτ, «νομίζω εδώ κάμποσο θα δουλέψετε, ο δρόμος δεν σώνεται...». Τα ντουβάρια του στρατώνα ήταν από ξερολιθιά κι η στέγη από κορμούς καβάκικους[84], που πάνω τους αραδιάσθηκαν πολλά χλωρά κλαδιά και χώμα πατημένο, όλα μαζί σκέτη συμφορά στην βροχή και το χιόνι που θα 'ρχόταν σε λίγο... Το μοναδικό παράθυρο ήταν μικρό κι η πόρτα στενή και χαμηλή, να σκύβεις και να ταπεινώνεσαι όταν την περνάς. Και μέσα... πηχτό σκοτάδι και βρώμα αλλόκοτη. Ωστόσο, τώρα είχαν ωραία γιατάκια[85]... Ξερές καβαλίνες σκεπασμένες με τσουβάλια ή ακόμη καλύτερα άχυρα σκεπασμένα

---
83 Ο Θεός να δώσει.
84 Καβάκι=λεύκα.
85 Στρώματα.

με κουρέλια και παλιά ρούχα πάνω σε φτιαχτούς καναπέδες από πατημένο χώμα. Ήταν στρώματα ζεστά που παίρναν και το σχήμα του κορμιού κι ήταν τόσο βολικά, σαν ανθρώπινη αγκαλιά τους φαινόταν. Ξεραίνονταν σε ύπνο βαθύ, ίδιο θάνατο και φεύγανε το πρωί στο κάτεργο, για να γυρίσουν το σούρουπο... τελειωμένοι, σχεδόν νεκροί!

Στην πλαγιά του κοντινού βουνού αρχίσαν να παλεύουν με την πέτρα, να την παιδεύουν να την κάνουν χαλίκι. Για τους άμαθους σαν το Γιοβάννη, δεν ήταν εύκολη δουλειά, κι αυτές οι άτιμες οι πέτρες πηδούσαν όλες καταπάνω τους, κι αυτές εναντίον τους ήταν.

Το πιο δύσκολο ήταν όταν τις κατέβαζαν κάτω στο ίσιωμα για να δουλευτούν. Γέμιζαν με χοντρόλιθα κάτι τουρβάδες γερούς, τους φόρτωναν έναν σε κάθε ώμο, για να ισορροπούν και κατέβαιναν σαν κατσίκια την πέτρινη πλαγιά και μετά πάλι ανέβαιναν για να ξαναφορτώσουν απ' την αρχή. Αυτό ήταν πιο δύσκολο απ' το ίδιο το σπάσιμο. Μόνον ο Λευτέρης ο μπεχλιβάνης[86] με τ' όνομα, που 'χε κορμί δυνατό και δουλεμένο δεν παραπονιόταν, γιατί γι' αυτόν ήταν παιχνίδι...

Άλλοι στα χαμηλά αναλάμβαναν το σπάσιμο με το σφυρί. Καθισμένοι κάτω, τακ-τακ ατέλειωτες ώρες, με μισόκλειστα τα μάτια για να τα «φυλάνε», την δουλεύανε ασταμάτητα. Το σύννεφο της άσπρης σκόνης σκέπαζε

---

86 Παλαιστής.

γρήγορα όλο το βουνό και σιγά σιγά χωνόταν παντού στα ρούχα, τα αυτιά, το στόμα, τη μύτη και τους έπιανε βήχας που σταματημό δεν είχε.

Μετά φόρτωναν στα μουλάρια κοφίνια με χαλίκι, αυτά οδηγούνταν από άλλους στο δρόμο και το μοίραζαν χιλιόμετρα μακριά κι εκεί άλλοι αμελέδες το στρώναν και το πατούσαν, ενώ μηχανικοί και στρατιώτες πηγαινοέρχονταν με τ' άλογα σε μόνιμο καλπασμό και με τα καμτσίκια τους επίσης σε μόνιμη εναέρια απειλή.

Κάποιοι μάθανε γρήγορα και γίναν «ματκαπτσήδες». Ανοίγαν με το λοστάρι τρύπες βαθειές στη πέτρα, για να μπει ο δυναμίτης και να την σπάσει, να μπορεί να δουλεύεται. Ένα μπαμ! Μια σκόνη! Ένας καπνός! Κι αμέσως καινούργιο κουβάλημα στα χαμηλά... για χαλίκι.

Εκεί πάνω στο βουνό τον βρήκε το κακό, τον Κωνσταντίνο, τον προκομμένο γεμιτζή[87], με τις 10 τράτες και την δική του ιχθυόσκαλα στη Σαμψούντα. Άνθρωπος της θάλασσας, δεν ήξερε την αγριάδα του βουνού. Δεν λογάριασε καλά, δεν στάθηκε σωστά κι ο «θυμός» του πληγωμένου βουνού ξέσπασε πάνω στο κεφάλι του και τον ξάπλωσε. «Ωχ» δεν πρόκαμε να πει ο καημένος...

Κάναν αμάν οι αμελέδες να βρουν χώμα στο πέτρινο βουνό να σκάψουν και να τον παραχώσουν χωρίς πολλά-πολλά. Ο Γρηγόρ-εφέντης είπε δυο-τρία λόγια απ' την ακολου-

---

87 Πεπειραμένος ναυτικός, θαλασσόλυκος.

θία, τα μισά σωστά, τα μισά φαντασία και πάει τέλειωσε μια ζωή με το βάσανό της.

Πώς γινόταν και δεν έριχναν πια ούτε ένα δάκρυ, δεν μπορούσαν να ερμηνέψουν. Πάνε πια τα δάκρυα και τα μιξοκλάματα των πρώτων ημερών. Τώρα κουνούσαν το κεφάλι, αναστέναζαν κουρασμένα κι ετοιμαζόνταν μέσα τους για τα δικά τους μελλούμενα που έρχονταν όλο και πιο κοντά.

Κάποιους τους χωρίσανε και τους στείλανε στο τούνελ και τη σιδηροδρομική γραμμή, λίγα χιλιόμετρα πιο πέρα. Μάθανε τα φουρνέλλα, τη μαύρη μπαρούτη, τον δυναμίτη, σύρανε χιλιάδες καρότσια με μπάζα έξω κι όταν ενώσαν τις δυο σήραγγες, πήραν μεγάλη χαρά, που κάτι τις χρήσιμο και σπουδαίο έκαναν κι ας ήταν σκλάβοι και μελλοθάνατοι.

Είχαν όλοι αδυνατίσει, σωστά αερικά έγιναν. Μερικοί άρχισαν να βήχουν και να φτύνουν αίμα, τους βρήκε φθίση. Άλλοι να χάνουν ολόγερα δόντια στα καλά καθούμενα, «απ' την αβιταμίνωση και την πείνα» όπως είπε κάποιος που ήξερε απ' αυτά. Κι όσοι άκουσαν τρόμαξαν. Πώς βρίσκουν τέτοιες συμφορές το ανθρώπινο σώμα. Πώς ένας νέος μπορεί να γίνει γέρος μέσα σε λίγους μήνες, μόνο και μόνο από την κακοπέραση.

Κείνες τις μέρες πέρασε ένας νεαρός αρχίατρος από το τάγμα κι έφερε την εντολή στους φύλακες και τους μαφαζάδες, να πλένονται οι κρατούμενοι για να σωθούν απ' τις ψείρες και τις αρρώστειες.

Έτσι το άλλο πρωί τους φόρτωσαν με μπαλτάδες και τους έστειλαν στο βουνό για ξύλα. Έστησαν γρήγορα ένα καζάνι και πρόχειρο λουτρό κι αρχίσανε να πλένονται και να χαριεντίζονται. Σκόνη, κάρβουνο κι ιδρώτας πέτρωσαν πάνω τους. Ξύναν την βρώμα με τα νύχια τους να ξεκολλήσει, που 'γινε ένα με το δέρμα τους και το μαύρο λερό νερό που 'τρεχε από πάνω τους, δεν έλεγε ν' ασπρίσει. Πλύναν και τα ρούχα τους όπως-όπως και τ' άπλωσαν στις θυμωνιές άγαρμπα κι ανοικοκύρευτα, σαν άνδρες... Σώθηκαν απ' τις ψείρες, νοιώσαν πασάδες. Ήταν η πρώτη φορά που έγινε αυτό, εδώ και μήνες. Το 'χαν σχεδόν συνηθίσει να βρωμάνε σαν ψόφια ζώα. Εκείνο το βράδυ στην αποθήκη τους, είχαν κέφια για χωρατά... και στον ύπνο τους ονειρεύτηκαν τα σπιτικά τους και τα μοσχοβολιστά τους στρωσίδια... Κι ο Γιοβάννης θυμήθηκε την λεβάντα, που 'βαζε με σακουλάκια δαντελένια στην ντουλάπα τους η Ευανθία, μα ήταν τόσο μακρυνή η μυρωδιά της, την είχε από καιρό ξεχασμένη...

... μάθανε τα φουρνέλα, τη μαύρη μπαρούτι και το δυναμίτη.

...Στην πλαγιά του βουνού άρχισαν να παλεύουν με την πέτρα.

Αμελές Γιοβάννης

«Εκτοπισμός»

Φύγαν πάλι για αλλού, σαν κοπάδι με ζώα μοιάζαν. Τι ήταν αυτό και φεύγαν συνέχεια, δεν καταλαβαίναν. Σαν βλέπαν να 'ρχεται καβαλάρης Τσερκέζος[88] με γρήγορο φαρί, κατευθείαν στον αποσπασματάρχη, ξέραν ότι θα 'χαν δρόμο μπροστά τους. Κατά πως φαίνεται πηγαίναν σ' όποιο τάγμα είχε ανάγκη.

Εκείνη τη μέρα ανταμώσαν ένα άλλο σκυλολόι σαν το δικό τους. Ήταν γυναικόπαιδα κι η καρδιά τους τσακίστηκε, όταν τους είδαν. Δεν ήταν τάγμα εργασίας όπως αυτοί, ήταν καθαρά για εξόντωση. Οι αρχές το λέγαν... «εκτοπισμό» για ν' ακούγεται καλύτερα. Παλεύαν στον ίδιο δρόμο κι όπως φαίνεται δικά τους ήταν τ' άταφα παιδιά που αντάμω-

---

[88] Κιρκάσιοι-από την Κιρκασία, άριστοι ιππείς.

σαν νωρίτερα. Γυναίκες αδύναμες, φορτωμένες λεχούδια και παιδιά, γέροι και γριές, ίσως ένα ολόκληρο χωριό, κλάμματα, πείνα, δίψα και δυστυχία.

«Έ Χριστιανοί, πούθε είστε;» φώναξε ένας γέρος. «Απ' την Σαμψούντα, εσείς;». «Απ' της Πάφρας τα μέρη...», απάντησε κοφτά και κατέβασε το βλέμμα στη γη και δεν το ξανασήκωσε. Τελευταία βάδιζε μια γυναίκα μ' ένα μωρό δεμένο στην πλάτη. Το μικρό χερουβείμ με τις ξανθές μπούκλες, κοιμόταν μακάριο πιπιλίζοντας το δάχτυλο με γλυκιά μανία κι οι μπούκλες του ανέμιζαν στο μάγουλο και τον λαιμό της χλωμής του μάνας... Ποιος ξέρει, ίσως να ήταν αυτή, που γέννησε το πεθαμένο εκείνο μωρό!

Στο σταυροδρόμι πήρανε τον δρόμο, που αφήσαν πίσω τους αυτοί οι συφοριασμένοι. Στη στροφή πάνω, έξω απ' το χωριό απάντησαν τρεις κρεμασμένους. Απ' τα κλαδιά ενός πλάτανου κρέμονταν δυο νέες γυναίκες κι ένας γέροντας, δαρμένοι και ματωμένοι, με τη γλώσσα έξω, πρισμένη και μπλαβιά. «Παφραίοι είναι», είπε κάποιος κι όλα τα μάτια θόλωσαν με μιας. Μάθαν απ' τους χωρικούς, που χάζευαν το θέαμα, ότι... «Δεν... κάθησαν τα κορίτσια στα κέφια του αξιωματικού, τις υπερασπίσθηκε κι ο πατέρας τους και να τώρα...»

«Μπιραντέρ[89]», φώναξε κάποιος στον φρουρό, άσε μας να τους θάψουμε». Τον πετύχανε στις καλές του. «Κάντε γρήγορα», είπε κοφτά. Σκάψανε τον λάκκο βιαστικά,

---

89 Αδελφέ.

Αμελές Γιοβάννης

τους κατεβάσανε ζεστούς-ζεστούς, τους καλοβολέψανε αγκαλιασμένους, πατέρα και κόρες και τους σκεπάσανε με το βρεγμένο χώμα.
Σταυροκοπήθηκαν και μπήκαν πάλι στην αράδα.

Τις μέρες που περνούσαν δεν τις μετρούσαν ούτε τις λυπόντουσαν, τον χειμώνα όμως που ερχόταν από κοντά τον φοβόνταν πολύ.
Οι Τούρκοι χωριάτες τελευταία έδειχναν, πως μέρεψαν λίγο. Έπαψαν να τους βρίζουν και να τους πετούν πέτρες. Καμμιά φορά μάλιστα τους έφερναν νερό, ψωμί, ακόμη και καπνό και χαρτί για να φουμάρουν. Ένας ταξιλντάρ[90] έφερε σταφύλια και σύκα απ' το μποστάνι του κι ένας μουλάς[91] παπούτσια και ρούχα παλιά. Φθινοπώριαζε σιγά-σιγά, έπιανε συχνά και το ψιλόβροχο κι ήταν όλα χρειαζούμενα. Φαίνεται είχαν μαλακώσει κι οι καρδιές των ανθρώπων στο θέαμα αυτών των δυστυχισμένων. Χόρτασαν τη ταπείνωση του Χριστιανού κι άρχισαν να θυμούνται λίγο και το κοράνι.

Κάποιος είπε: «Ίσως πλησιάζει ο καιρός να φιλιώσουν οι Θεοί μας!!» Κι ένας άλλος απάντησε: «Αυτό δε γίνεται, οι Θεοί ποτέ τους δεν φιλιώνουν».

«Αυτά είναι... τσουβαλοφιλοσοφίες», είπε ένας τρίτος φουρκισμένος. Ας φιλιώσουν οι μεγάλοι κι αυτό μας φτάνει και μας περισσεύει».

---

90 Αγροφύλακας.
91 Νομοδιδάσκαλος, που ασχολείται με την μελέτη των ιερών βιβλίων.

Έτσι πιανόταν συνέχεια στη κουβέντα και καμμιά φορά μαλώναν και μούτρωναν, αλλά δεν ήθελαν πολύ για να φιλιώσουν, ένας αρματωμένος στρατιώτης έφτανε.

... δικά τους ήταν τα άταφα παιδιά που αντάμωσαν...

... ένα ολόκληρο χωριό, κλάματα, πείνα, δίψα και δυστυχία.

Αμελές Γιοβάννης

Ένα χερουβείμ

Την άλλη μέρα χώρισαν το ταμπούρ[92] στα τρία. Κάθε μπουλούκι κανονίσθηκε ν' αράξει σ' ένα χωριό για δουλειά. Έχασε πια τον Ανέστη και τους άλλους ταλαίπωρους. Βρέθηκε ανάμεσα σε αγνώστους. Δεν τον ένοιαζε όμως, είχε ακόμη τον Αχμέτ.

Κάμναν μερεμέτια στους χοτζάδες και τα τζαμιά, στις τσανταρμαρίες[93] και στους προύχοντες του χωριού. Ήξερε δεν ήξερε ο Γιοβάννης, έγινε κτίστης και πετράς, κολλώντας δίπλα σε τεχνίτες. Η δουλειά δεν ήταν δύσκολη, μόνο ο χρόνος τους κυνηγούσε κι ο τσαούσης, που βιαζόταν απ' όλους πιο πολύ, γιατί γι' αυτόν ο χρόνος ήταν χρήμα! Οι χω-

---

92 Τάγμα.
93 Σταθμοί χωροφυλακής.

ρικοί τους έφερναν φαΐ και νερό και καμμιά φορά και κανένα γρόσσι ή καπνό για να φουμάρουν. Το τριμμένο καφτάνι,[94] που του 'δωσε ο τελευταίος του ταίριαξε καλά και το χάρηκε. Κάποια στιγμή του μπήκε η ιδέα να το σκάσει. Ζύγιασε τότε τις συνθήκες, τους δρόμους, τα βουνά και τους στρατιώτες με τ' άλογα και τα τουφέκια, ζύγιασε και τις δυνάμεις του και την απόσταση απ' τη θάλασσα, που συνέχεια μεγάλωνε... πότε ναι και πότε όχι ήτανε. Ώσπου μια μέρα είδε δυο σκοτωμένους κατσάκηδες[95] στην άκρη του δρόμου και μάζεψε τα μυαλά του και τις ιδέες του και κούρνιασε φρόνιμα στο γιατάκι του...

Πάλι ξεκίνησαν γι' αλλού. Πάλι στο δρόμο τον τραχύ, γι' άλλο στρατόπεδο.

Τότε ήταν που πέσαν πάνω στα γυναικόπαιδα, τους Παφραίους, που 'χαν ανταμώσει πριν λίγο καιρό. Πώς έγινε και τους συνάντησαν ξανά, δεν μπόρεσαν να εξηγήσουν. Είχαν δέκα μέρες περίπου, που χώρισαν οι δρόμοι τους, αυτοί δούλεψαν στα χωριά κι εκείνοι πλανήθηκαν άσκοπα, όπως ήταν η εντολή... να οδοιπορούν μέχρι τέλους. Οι στρατιώτες άλλαζαν συνέχεια κι άλλοι ξεκούραστοι γεμάτοι ζήλο πιάναν δουλειά, όπως εξάλλου γινόταν και σ' όλα τα ταμπούρια[96].

---

94 Ένδυμα διακοσμημένο με γούνα.
95 Λιποτάκτες.
96 Οχυρωματικά έργα.

Αμελές Γιοβάννης

Δέκα μέρες πέρασαν μόνο κι ήταν οι έρημοι πια τελείως εξαντλημένοι, έτοιμοι να παραδώσουν ψυχή... Τους πήραν από πίσω σε μικρή απόσταση. Τελευταία ήταν πάντα η ίδια μάνα με τον ξανθό άγγελο στην πλάτη. Δεμένος μ' ένα περίτεχνο μάρσιπο από σεντόνι, στηριζότανε στην πλάτη της, αγκάλιαζε τον λαιμό της με το δεξί, είχε γερμένο το κεφάλι στον ώμο της και πιπίλιζε με λαχτάρα το δάχτυλο. Κοιμόταν μακάριος, ζεστός απ' το κορμί της, παρηγορημένος από την ύπαρξή της. Τελευταία η φουκαριάρα από όλους, γυναίκες και γέρους, έσερνε με το ένα χέρι τον μπόγο και κάπου-κάπου σήκωνε το άλλο να ψάξει το ξανθό κεφάλι, να το χαϊδέψει να μερέψει, αλλά και να το σιγουρέψει, πως υπάρχει και πιπιλίζει αμέριμνα το θεϊκό νέκταρ... Τα βήματά της βράδυναν συνέχεια. Ο στρατιώτης πίσω της την έσπρωχνε και την έβριζε αλύπητα.

Κάποια στιγμή την παράτησε. Άφησε λίγο το μπουλούκι να προχωρήσει, στήριξε το τουφέκι στον ώμο του και σημάδεψε κατευθείαν το χερουβείμ...

Οι αμελέδες που ήταν πολύ κοντά, νοιώσαν τον κίνδυνο κι άρχισαν να φωνάζουν και να χειρονομούν, μα κανείς Παφραίος δεν ταράχθηκε, κανείς δεν γύρισε πίσω να δει. Όχι πως δεν άκουγαν... ήταν που δεν μπορούσαν ν' αντιδράσουν, ούτε να κλάψουν, ήταν που βρισκόταν κοντά στο τέλος και τη λύτρωση.

Δεν αστόχησε. Ένα μπαμ και ξαφνικά... μαλλιά, μυαλά, αίματα και σάρκες... τινάχθηκαν λίγο και μετά χύθηκαν όλα επάνω της και την έλουσαν. Το ωστικό κύμα την έριξε στα δεξιά πάνω στον μπόγο. Ανακάθησε αργά κι άρχισε να τρέμει και τα δόντια της να χτυπούν και ν' ακούγονται. Σήκωσε τ' αριστερό της χέρι και ψαχούλεψε στον ώμο της να βρει το θεϊκό κεφάλι. Σάρκες κι αίματα στη θέση του. Έφερε το ματωμένο χέρι της μπροστά και το κοίταξε, χωρίς να νοιώθει. Το χέρι του παιδιού, γλύστρισε απ' τον ώμο της και κρεμάστηκε άψυχο. Οι γυναίκες έκαναν να την πλησιάσουν, να την αγγίξουν, να την συνδράμουν, μα δεν τολμούσαν. Δεν άφηνε ο φρουρός. Την πλησίασε γρήγορα από πίσω, την ψαχούλεψε με την κάννη στ' αριστερό θωράκι της κατά την καρδιά κι έριξε μια και την τελείωσε, αυτήν και την θλίψη της. Τραντάχτηκε κι έπεσε, με τα μούτρα στον ματωμένο δρόμο σαν Μουσουλμάνος προσκυνητής, μπροστά στον Αλλάχ, που ούτε την ήξερε ούτε την άκουγε... Έτσι με το ακέφαλο χερουβείμ στην πλάτη της, την τραβήξανε στην άκρη του δρόμου να τον λευτερώσουν απ' το βάρος και την ντροπή της.

Άρχισε να βρέχει. Σε λίγο όλο το πονεμένο αίμα θα το τραβούσε η γη μέσα της κι οι χωριάτες θα τρέχαν μπουχτισμένοι, να θάψουν τα λέσια σε μια λακκούβα όπως-όπως. Όλοι είχαν μπει σε λίγο στη θέση τους, ζωντανοί και νεκροί.

Οι αμελέδες κάθησαν κάτω απ' τα δένδρα κι έβλεπαν τους δυστυχισμένους να φεύγουν στο πουθενά. Εκείνη τη μέρα οι φύλακες δεν ήταν σκληροί μαζί τους. Κανείς δεν μιλούσε, ούτε ζητούσε, κανείς δεν ζούσε. Ζωντανοί νεκροί πια, άφησαν τη βροχή να τους βρέξει, κι αν ήταν μπορετό να τους αποτελειώσει.

Τίποτε δεν έγινε όμως. Σηκώθηκαν βρεγμένοι κι άρχισαν να βαδίζουν, να στεγνώνουν στον κρύο αέρα, να πεινάνε, να πονάνε και να ονειρεύονται τα χωμάτινα γιατάκια τους.

Στο μεταξύ οι άρρωστοι απ' τύφο πλήθαιναν. Σε κάθε στρατόπεδο, τους άφηναν πίσω κι έφευγαν, αμανάτι στους άλλους... για το λίγο που τους έμενε να ζήσουν. Δεν μπορούσαν να κάνουν βήμα απ' τον πυρετό, τον εμετό και του εντέρου το βάσανο. Βράδυ πέθαιναν και το πρωί τους βρίσκαν νεκρούς και παγωμένους.

«Γκεμπερίκ βάρμι[97];» ρωτούσε ο φρουρός κάθε πρωί κι έδινε το σήμα να σηκώσουν τον νεκρό και να σκάψουν αμέσως τάφο. Είχανε μάθει πια, δεν αφήναν τον εαυτό τους να λυπηθεί για τους μακρυνούς. Είδαν πολλά θανατικά μέχρι τώρα. Το πρώτο καιρό, τα Στάγιερ[98] και τα Γκρά[99] άστραφταν με το παραμικρό. Δεν ζούσε με τίποτε ...ο άρρωστος, αυτός που καθυστερούσε, αυτός που παραπονιόταν. Μια τουφεκιά, μετά μια κλωτσιά κι έξω απ' το δρόμο... άταφος, πεσκέσι στα όρνεα και στα τσακάλια...

Έλεγαν, αν επιζούσαν στο δρόμο, που τον τρέμαν περισσότερο απ' την δουλειά, θα μπορούσαν κάποτε να τα διηγηθούν όλ' αυτά στα παιδιά και τα εγγόνια τους. Έτσι λέγαν για να παρηγορηθούν... αλλά στην ουσία, δεν πίστευαν σε τίποτε. Αντίθετα βλέπαν εφιάλτες τη νύχτα με το λείψανό τους,

---
97 Έχει ψοφίμι;
98 Όπλο αυτόματο.
99 Παλιό όπλο εννιάσφαιρο του '14.

πότε στον δρόμο ανάσκελα με τα μάτια ανοιχτά, πότε σε τάφο πεταμένο και μ' άλλους αγκαλιασμένο κι ο βραχνάς[100] ξαναρχόταν το άλλο βράδυ χειρότερος, μ' άλλο σενάριο... πιο πολύχρωμο... πιο τρομακτικό.

---

100 Εφιάλτης.

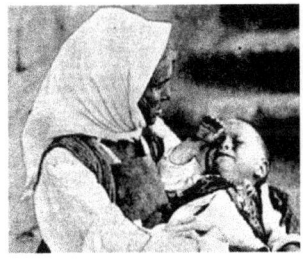 

Γυναίκες αδύναμες φορτωμένες λεχούδια και παιδιά...

Εκείνη την ημέρα ανταμώσαν ένα άλλο σκυλολόι σαν το δικό τους.

Αμελές Γιοβάννης

Στο καθαρτήριο του Τσεχνέ-Γκουμπετί...

Πήραν δρόμο προς την ανατολή. Οι άρρωστοι έμειναν πίσω. Ο Γιοβάννης έκρυψε για λίγο τον πυρετό του. Είπε θα περάσει. Αυτός που ποτέ του δεν αρρώστησε, τώρα δεν μπορούσε να πάρει τα πόδια του. « Μέρ χαμπάρ[101]» τον χαιρέτησε ο Αχμέτ, μα απάντηση δεν πήρε. «Γεσήρ[102] μου φαίνεσαι ογλούμ. Δεν έπρεπε να το κρείψεις. Ας είναι... θα κάνω κι εγώ τον άρρωστο και θα μείνω να σε φροντίσω».
Πλησίασαν στο Σίβας[103]. Ο μαφαζάς τύλιξε με βρεγμένα πανιά το κεφάλι του και το κεφάλι του Γιοβάννη κι άρχισαν το «πήγαιν' έλα»... στους θάμνους ν' ανακουφίσουν τ' άρρωστα σπλάχνα τους... Έτσι έγινε και τους πήραν και

---

101 Χαιρετισμός.
102 Άρρωστος.
103 Σεβάστεια.

τους μάντρωσαν μ' άλλους, στην ήδη γεμάτη καραντίνα του Τσεχνέ-Γκουμπετί[104].

«Εδώ είναι η κόλασή μας, είναι το τέλος μας», μουρμούρισε ο Γιοβάννης... Όλοι ήταν βαριά άρρωστοι, ακόμη κι οι φρουροί, ταβλιασμένοι καταγής μέσα σε ετοιμόρροπες καπναποθήκες, χωρίς νερό και φαΐ. Αποπατήματα, ξερατά, βρώμα και δυσωδία, βογγητά και ρόγχοι θανάτου. Κάθε μέρα καινούργια θανατικά. Έπρεπε ν' ανοίγουν και τους τάφους, αυτοί που μπορούσαν να κρατηθούν κάπως στα πόδια τους κι αυτό από μόνο του ήταν ένας άλλος πρωτόγνωρος εφιάλτης. Πάει κι ο παπα-Μανώλης, εκεί εκοιμήθη. Δεν τον γνώρισε ο καημένος τον Γιοβάννη, μες τον πυρετό και το παραμιλητό του. Πεταμένος σε μια γωνιά, ζωσμένος την φανέλα, τη σκελαία και την βρώμα του, με τα μαλλιά ανάκατα, την πλεξίδα ξεφτισμένη και τα γένια γλιτσιασμένα από τα εμετά, ταβλιασμένος κάτω στο χώμα της κόλασης, αυτός ο καλός λευίτης παρέδωσε το κουρασμένο πνεύμα του, μάρτυρας εν μέσω μαρτύρων.

Βραχνάς τη νύχτα δεν τον έπιανε πια, γιατί βραχνάς ήταν ολόκληρη η μέρα, μπουχτισμένη βόγγους και θανατικά κοντανασέματα.

Τον πονούσε τον «παραγιό» του (έτσι έλεγε τον Γιοβάννη) ο Αχμέτ για να μπορεί να τον προστατεύει κάπως. Του 'φερνε θολό νερό και πικρό ψωμί μουχλιασμένο, κι αυτά

---

104 Εδώ εγκατέλειπαν τους άρρωστους κι ανήμπορους, χωρίς νερό και φαΐ, για να πεθάνουν.

Αμελές Γιοβάννης

όχι πάντα. Για φαγητό ούτε λόγος. Αναπωλούσαν το μαυροζούμι με τα 15 φασόλια ή τα κουκιά, που τρώγαν κάποτε και το «αλεμάν τσορμπά[105]» που 'χαν κάποτε για πρωινό, τότε που δούλευαν στο Ακ Νταγ Μαντέν. Ήρθε κι αυτή η στιγμή... να αναπωλήσουν το κάτεργο της πέτρας και του χαλικιού... τόσο χειρότερα ήταν τώρα. Οι αποθήκες έζεχναν άρρωστο ανθρώπινο χνώτο και θάνατο. Οι φρουροί δεν τους χτυπούσαν πια. Μόνον όταν ήταν να σκάψουν τάφους, αγρίευαν, γιατί δεν έβρισκαν πια ικανούς γι' αυτό αιχμαλώτους.

Σούρουπο φθινοπωριάτικο και θολό πούσι κατέβηκε χαμηλά. Άναψαν δαδιά να φωτίσουν λίγο την θεοσκότεινη αποθήκη. Ο πυρετός ψηλός, τα μάτια κι η συνείδηση σβηστά...να μη νοιώθει, ούτε τα παλιά ούτε τα μελλούμενα. Δίπλα του ο Αχμέτ... «γιαζίκ» και «γιαζίκ[106]» οληημερίς, άλλαζε τα βρεγμένα πανιά να ρίξει τον πυρετό. Ο Γιοβάνης άνοιξε τα μάτια του και κοίταξε τον φίλο του μαφαζά...

«Είδα στον ύπνο μου την Ξανθίππη και μου χαμογελούσε... τι να θέλει να πει άραγε; Μήπως που γιόρταζε τέτοιες μέρες; Τέλος Σεπτέμβρη, στις 23, ήταν της οσίας Ξανθίππης».

Δεν απάντησε ο Αχμέτ, πέσαν κι οι δυο σε συλλογή.

Τότε ακούστηκαν φωνές και κουβέντες απειλητικές απ' έξω. Ένας ζαμπίτ[107] κλώτσησε την πόρτα ν' ανοίξει. Πρώτη

---

105 Ρόφημα με νερό, αλεύρι και λάδι.
106 Κρίμα, κρίμα.
107 Αξιωματικός.

φορά τον έβλεπαν. Ψηλός και άγριος, μπήκε πρώτος κι από πίσω του ο αξιωματικός του Τσεχνέ-Γκουμπετί μουρμούριζε ακατάληπτα λόγια... «Ποιος είναι ο Γιοβάν-τσαούς, ο Γιοβάν Χίντζογλου απ' την Σαμψούντα;» Τον βοήθησε ο Αχμέτ ν' ανακαθήσει. «Εγώ είμαι ο Γιοβάννης Χίντζογλου απ' το Γιοζγάτ, όχι απ' την Σαμψούντα». Θυμήθηκε τις συμβουλές του ξαδέλφου... «Είμαστε ξαδέλφια, δεν είμαι εγώ ο Γιοβάν –τσαούς». Η φωνή του λιγώθηκε... δεν είχε δύναμη να πει τίποτε άλλο. Κατάλαβε κι αυτός κι οι άλλοι που βλέπαν έντρομοι, ότι όλα ήταν ανώφελα. Κατέβασε το κεφάλι ανήμπορος.

«Έκαψες πέρσι το χωριό μου... πάει το σπίτι μου το πατρικό, τυραννήθηκαν οι γονιοί μου, πρόσφυγες εδώ κι εκεί. Δίνει όμως ο Αλλάχ δικαιοσύνη... Δυο μήνες σε ψάχνω! Τώρα θα πληρώσεις! Σήκω και προχώρα!». Ο Αχμέτ άρχισε να παρακαλάει... «Μη εφέντη ζαμπίτ, γιαζίκ[108], δεν είναι ο τσαούσης που ψάχνεις, αυτός είναι ο παραγιός μου, τον ξέρω καλά, τον ξέρω από καιρό... Μη εφέντη μου, άρρωστος είναι, θα πεθάνει έτσι κι αλλιώς...»

Κανείς δεν τον άκουγε... ούτε καν ο Γιοβάννης. Σηκώθηκε, ισορρόπησε και περπάτησε... τα κατάφερε! «Λίγο έμεινε», είπε μέσα του για να παρηγορηθεί.

«Αχμέτ... δεν είναι που γιορτάζει η Ξανθίππη, είναι που θα συναντηθούμε απόψε...», είπε στον μαφαζά και χαμογέλασε πικρά για το σημαδιακό όνειρο...

---
108 Κρίμα.

Αμελές Γιοβάννης

Σκόνταψε κι έπεσε στα γόνατα, μες τα τσαμούρια[109]. Εκείνος τον περίμενε να σηκωθεί. Ο Αχμέτ ακολουθούσε μιξοκλαίγοντας...

Ήταν Σεπτέμβρης βροχερός και κλαψιάρης. Ο τελευταίος του. Μες τη χάση του φεγγαριού και την πηχτή ομίχλη, κάτω από το γέρικο καβάκι και δίπλα σ' ανθρώπινες βρωμιές, υποταγμένος και μαζί ταπεινός και γαλήνιος, ο Γιοβάννης γονάτισε σχεδόν ευχαριστημένος.

«Λίγο έμεινε», είπε πάλι, «πολύ λίγο, δόξα τω Θεώ!» και βάλθηκε να κάνει τον σταυρό του.

«Κιαφήρ[110] ήρθε η ώρα σου, κιοπέκ ογλού[111]», ακούστηκε η αγριοφωνάρα του αξιωματικού κι έριξε μια με το Στάγιερ[112] στο φασκιωμένο του καύκαλο. Τα άσπρα βρωμόπανα βάφηκαν με μιας κόκκινα και σκόρπισαν, φορτωμένα λιπαρά μυαλά. Έπεσε πάνω σε μια στίβα κουτούκια[113] και προσανάματα. Τ' άδεια του μάτια σπιθίρισαν για λίγο στο σκοτάδι κι ύστερα κλείσαν και γλύτωσαν απ' την ασχήμεια του κόσμου για πάντα.

Η τουφεκιά ηχολάλησε άγρια και ξεσήκωσε την ερημιά. Ξεσήκωσε και τα κοράκια, που λούφαζαν πάνω στο καβάκι. Τρομαγμένα βάλθηκαν να βρουν αλλού κλαδί ν' αράξουν,

---

109 Λάσπες.
110 Άπιστε.
111 Σκύλας γιε.
112 Αυτόματο πιστόλι.
113 Κούτσουρα.

πλαταγίζοντας άγρια τις φτερούγες τους και κράζοντας δαιμονισμένα στο κολασμένο σκοτάδι.

Κανείς όμως άλλος δεν σκιάχτηκε, κανείς δεν ενδιαφέρθηκε, ούτε δάκρυσε. Ήταν όλοι άρρωστοι κι ετοιμοθάνατοι. Μόνον ο Αχμέτ, μουρμούριζε συνέχεια «γιαζίκ[114] ο παραγιός μου, γιαζίκ το παλικάρι το καλό» και σκούπιζε κρυφά τα μάτια του...

«Ε, εσύ μαφαζά, να τον εξαφανίσεις μέχρι το πρωί... τον παραγιό σου», του φώναξε ο αξιωματικός και χάθηκε μες τη κόλασή του...

Έσκαψε πέρα απ' τη λεύκα. Με δυο λεπτά προσανάματα, έκανε σταυρό πρόχειρο, τον έβαλε μες τα χέρια του τα διπλωμένα στο στήθος, να 'χει μαζί του της πίστης του σημάδι και τον σκέπασε γρήγορα με το αφράτο χώμα.

«Ρούμ βε Αλεβί χαλκλαρί μπιρντίρ[115]», άρχισε να μουρμουρίζει ξανά και ξανά ο Αχμέτ, όπως έκαμνε συχνά στον Γιοβάννη και τους άλλους αμελέδες. «Αλλά τώρα ήρθε η ώρα, θα στο πω το μυστικό μου ογλούμ, που δεν έβρισκα τόσο καιρό κατάλληλη στιγμή... τώρα που κανείς δεν μας ακούει... Δεν είμαι Αλεβής. Τενεσούρ-Ρούμ[116] είμαι από τη γέννα μου... και με βαφτίσαν Μποντόση[117], σαν τον πατέρα σου, γιε μου...».

---

114 Κρίμα.
115 Έλληνες και Αλεβήδες είμαστε ένα.
116 Κρυπτοχριστιανός.
117 Πρόδρομο.

Αμελές Γιοβάννης

Έτσι τέλειωσε ο Γιοβάννης στα 33 του, από μια σφαίρα που προοριζότανε γι' άλλον, άδοξα και άδικα στο κολαστήριο του Τσεχνέ-Γκουμπετί.

Τα παιδιά του κράτησαν απ' αυτόν μία μόνη κιτρινισμένη ανάμνηση... εκείνη τη φωτογραφία με το παπιγιόν.

Ήταν, τη μέρα που άνοιξε το εμπορικό του στη Σαμσούντα...τη μέρα που 'καμνε όνειρα.

Δέσποινα Χίντζογλου-Αμασλίδου

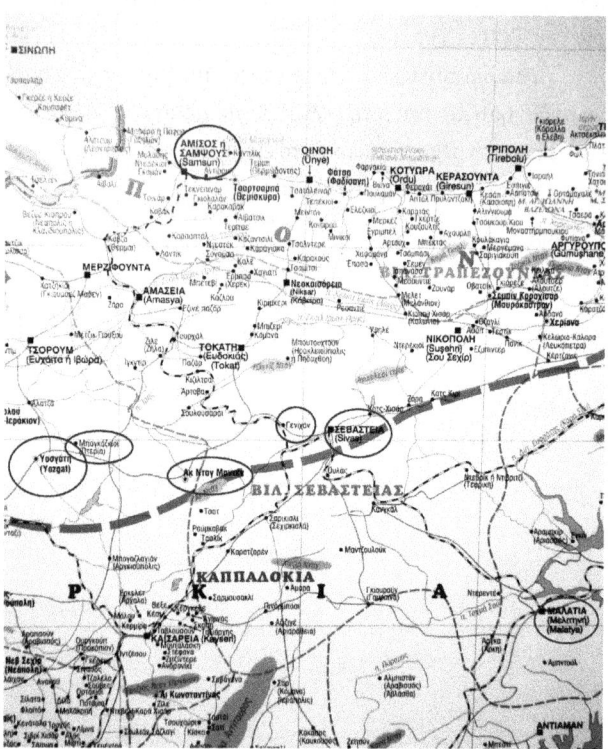

*Η πορεία των αμελέδων: Αμισός-Σαμσούντα, Υοσγάτη, Μπογκάζκιοϊ, Ακ Νταγ Μαντέν, Γενιχάν, Σεβάστεια, Μαλάτια

«Σωστά τα έγραψες, αυτούς τους δρόμους πήραμε, σε εκείνα τα τάγματα δουλέψαμε, εκεί και έτσι τελείωσα με τη ζωή μου την άχαρη... να' σαι καλά για βρουμ, σωστά τα έγραψες!»

Αμελές Γιοβάννης

Βιβλιογραφία

Αιολική γη - Ηλία Βενέζη
Ξεριζωμένοι - Ιωάννη Παυλίδη
1922 Μαύρη Βίβλος - Γιάννη Καψή
Το νούμερο 31328 - Ηλία Βενέζη
Αρχείο Ιωάννη Χίντζογλου (Γοβάν-τσαούς) Ε.Λ.Ι.Α. (Ελληνικά-Λογοτεχνικά - Ιστορικά-Αρχεία)
Ματωμένα χώματα - Διδώ Σωτηρίου
Ούτε τα ονομά μου - Thea Halo

Φωτογραφίες
Όπου δεν αναφέρεται πηγή, η φωτογραφία είναι από το διαδίκτυο.

ΤΟ ΒΙΒΛΙΟ ΤΗΣ Δ. ΧΙΝΤΖΟΓΛΟΥ
ΑΜΑΣΛΙΔΟΥ ΤΥΠΩΘΗΚΕ ΣΤΗ
ΘΕΣΣΑΛΟΝΙΚΗ , ΤΟΝ ΙΟΥΛΙΟ
ΤΟΥ 2015 ΓΙΑ ΛΟΓΑΡΙΑΣΜΟ
ΤΩΝ ΕΚΔΟΣΕΩΝ ΜΕΘΕΞΙΣ

www.ingramcontent.com/pod-product-compliance
Lightning Source LLC
Chambersburg PA
CBHW071120160426
43196CB00013B/2651